신장의 사도
조지 헌터

GEORGE HUNTER
APOSTLE OF TURKESTAN
by MILDRED CABLE and FRANCESCA FRENCH

First published in 1948 Copyright ⓒCIM(China Inland Mission)
published by China Inland Mission
Newington Green, London, N.16
and printed by The Camelot Press Ltd., London and Southampton
Trade Agents: The Lutterworth Press,
London and Redhill

신장의 사도 조지 헌터

1판 1쇄	2012년 5월 30일
지은이	밀드레드 케이블, 프란체스카 프렌치
옮긴이	이미선
발행인	홍응표
기획 및 편집	로뎀북스
표지디자인	조주영
내지디자인	김석범
발행처	(주)로뎀
등록번호	제325-2005-00012호
등록일자	2005년 12월 2일
전화/팩스	051-467-8983
이메일	rodembooks@naver.com
ISBN	978-89-93227-36-9 03230

신장의 사도
조지 헌터

저자 밀드레드 케이블, 프란체스카 프렌치
역자 이미선

OMF RODEM BOOKS

현재 우루무치 시내 전경

조지 헌터 – 신장 사역 초기

GEORGE HUNTER
APOSTLE OF TURKESTAN

신장의 사도
조지 헌터
CONTENTS

추천의글	_010
1장	_021
2장	_029
3장	_041
4장	_049
5장	_055
6장	_063
7장	_071
8장	_079
9장	_087
10장	_095
11장	_103
12장	_109
13장	_115
14장	_131
15장	_147
16장	_157
17장	_167
18장	_175
19장	_185
20장	_197
저자소개	_202

추천의 글

한철호 선교사 (선교한국 파트너스 상임위원장)

이대행 선교사 (선교한국 대회 상임위원장)

손창남 선교사 (한국OMF 동원사역 디렉터)

| 추천의 글 |

대부분의 사람들에게 중요한 일상이 어떤 사람에게는 사사로운 일이 될 수 있다. 목적이 분명한 삶을 살수록 더욱 그렇다. 우리의 인생에서 중요한 것은 속도가 아니라 방향이다. 방향이 분명한 사람은 속도에 구속 받지 않고, 또한 자신의 삶의 방향을 바꾸려는 어떤 주변의 상황이나 변화에도 결코 반응하지 않는다. 왜냐하면 자신이 가야 할 목표가 너무도 중요하고 반드시 성취되어야 할 것이기 때문이다. 이것이 바로 개척자들의 삶이었다. 개척자들은 바울이 로마서 15장 20절에 선언한 '내가 그리스도의 이름을 부르는 곳에는 복음을 전하지 않기를 힘썼노니 이는 남의 터 위에 건축하지 아니하려 함이라'는 말씀의 진의를 아는 사람들이다. 그리고 복음이 한 번도 전파되지 않은 곳을 향한 자신의 걸음을 내딛을 때 두려움과 염려 보다는 자유함과 열정을 경험하는 자들이다. 그런 사람 중에 한 사람이 바로 이 책의 주인공인 조지 헌터이다.

중국 내지로 파송되었지만 깐수 지방을 넘어서 투르키스탄 신장의 무슬림들을 향하는 조지 헌터에게 있어서 개척자로서의 두려움과 고난은 오히려 하나님의 역사를 경험하는 좋은 도구가 된다. 오늘날 선교사라는 단어가 너무 가볍게 쓰이는 현실에서 조지 헌터의 삶은 '선교사는 어떤 삶을 살아야 하는 가'에 대한 심각한 도전을 주고 있다.

그는 원칙에 타협하지 않는 사람이었다. 때로는 이런 것들이 독선이고 사회성 결핍이라고 보일 수도 있다. 모든 사람이 완벽할 순 없다. 헌터 역시 가장 절친했던 선교사의 죽음 앞에서 절망하기도 했다. 그러나 복음 전파를 위한 그의 진정성은 결국 사람들의 마음을 변화시켰다.

또한 투르키스탄 신장에서 중국인, 몽골인, 투르크인, 그리고 러시아인에게 집중적으로 사역한 조지 헌터의 삶을 통해서 우리는 선교전략의 중요성을 배우게 된다. 그것은 선교지에 대한 면밀한 조사이다. 이 책에서 우리는 헌터가 계속해서 자신의 선교대상 치역을 여행하는 것을 발견한다. 두 번째로, 시간을 전략적으로 사용하는 것이었다. 헌터에게 있어서는 자신의 선교적 목표를 지체하거나 방해하는 그 어떤 것에 시간을 보내는 것은 낭비였다. 헌터는 시간을 전략적으로 사용했을 뿐만 아니라 선교 방식에서도 그러 했다. 헌터는 개인전도 뿐만 아니라 문서사역의 중요성을 잘 알고 사역했다. 셋째로는 철저히 현지 문화에 적응하는 것이었다. 그는 외모뿐만 아니라 삶의 방식에서도 현지인들과 같이 되려고 노력했다. 선교는 우리가 어떤 일을 많이 하는 것이 중요한 것이 아니라 그들에게 받아들여질 때 진정한 돌파가 일어나기 때문이다.

그리고 마침내 헌터는 신장의 사도라고 불리게 되었다. 이 책의 저자의 언급처럼 헌터의 삶에는 '분명한 삶의 목표를 우선순위에 두고 가장 중요한 그것을 위해서 다른 모든 것은 지배하고 통제하는 단호함이 있었다.' 이러한 단호함은 결국 복음을 위해 고난을 받고 자신의 목숨을 드릴 때 까지 계속 되었던 그의 삶의 본질이었다. 혹 선교사로서의 이런 삶이 오늘날 선교에 관심 있는 이들에게 부담이 될 수도 있을 것이다. 그러나 하나님의 사랑과 십자가의 영광을 진정으로 경험한 자들이라면 그러한 부담은 더 깊은 영광을 위한 통과의례임을 이 책을 통해 발견하게 될 것이다.

한철호 선교사 (선교한국 파트너스 상임위원장)

한마디로 속을 시원하게 하는 선교사의 삶이 이 책 속에 담겨 있다. 책을 읽으면서 '정말 독특한 사람의 이야기가 이렇게 깊은 공감을 이끌어 낼 수 있을까'라는 생각을 했다. 이 책의 주인공, 헌터 선교사는 분명한 삶의 목표가 세워졌을 때, 그것을 최우선 순위에 두고 다른 모든 것은 지배하고 통제하는 단호한 결단을 보여주고 있다. 대체로 많은 것을 누리고 그것에 익숙해진 현대의 선교 헌신자, 사역자들에게 폭발력 있는 도전을 줄 수 있는 드문 책이 아닐까 생각한다.

위기상황에 강한 면모를 보인 헌터 선교사가 활동했던 시대는 국제 정치의 격변기로 1, 2차 세계대전 및 국지적인 대립, 왕조의 몰락과 새로운 국가의 탄생, 과도기 등이 많은 나라에서 일어나고 있었다. 주요한 사역지였던 중앙아시아, 러시아, 중국 등은 격변이라 해도 과언이 아닐 정도의 상황이었다. 그러나 그런 다양한 충돌의 와중에서 복음전도가 가장 미미하게 이루어진 중앙아시아 지역의 무슬림들을 향한 헌터 선교사의 열정은 멈추거나 주춤거리지 않았다.

그는 평생 복음을 전하기로 결단한 이들이 다른 관심사나 주변의 필요로 빠지는 것을 이상하게 여기고, 숭고한 목적을 잊거나 간과하는 삶을 곁에서 보는 것조차 괴로워했던 사람이다. 이러한 괴로움은 누구나 가질 수 있지만 자신의 삶에서 실제로 그렇게 사는 사람은 쉽게 만날 수 없다. 헌터 선교사가 바로 그런 쉽게 만날 수 없는 사람이었다. 개인주의적 기질이 너무 강한 것이 개척자로서 살아가는 힘이 되기도 했지만, 그에게는 어쩌다 머물게 된 선교센타에서의 작은 편안함조차 어색했다. 당연히 동료 선교사들과의 조화는 어려운 성격의 사람으로 평가될 수밖에 없었다. 그도 그럴 것이 그의 개척자로서의 관심, 숭고한 목적에 대한 집중력, 그에 대한 철저한 순종에 기초한 삶의 형태는 사회성 결핍이라는 요소로 규정될 개연성이 충분했기 때문이다. 그러나 그런 기질을 가졌기에 아무도 개척하지 않은 미지의 세계, 누군가가 기초를 놓은 땅이 아닌 가장 척박한 지역에서 놀라운 일을 감당해 낼 수 있었다.

헌터가 위대한 선교 명령에 순종하여 온갖 종류의 위험과 어려움을 겪었던 것처럼, 지금도 마찬가지의 상황에서 견디어 낼 수 있는 선교사는 여전히 필요하다. 척박한 상황 속에서 현명하게 자신의 삶을 유지하고, 견딜 수 없을 정도로 지나친 어려움은 지혜롭게 피하는 방법을 배워 현장에서 주님께서 예비하신 사역을 전개할 수 있었던 것은 현대 사역자들에게도 그 태도와 선택의 측면에서 귀감이 될 것이다. 그렇게 살아야 한다고 말만 한 것이 아니라 그렇게 살아냈기 때문이다. 오기로 함이 아니요, 능력이 있어서 함이 아니요, 진리에 따른 삶을 살아낸 선명한 삶의 원리와 방향, 실천에 대한 추구와 의지가 그의 삶의 동력을 말해 주고 있다.

'오직 한 가지 일(This one thing I do)'을 위하여 그에 적합한 사람이 되길 열망하던 헌터 선교사의 뒤를 이을 사람을 기다리시는 하나님을 생각한다. 제2, 제3의 헌터가 이 책을 통해 도전을 받아 일어나길 간절히 기대한다. 나 자신을 포함해서!

이대행 선교사 (선교한국 대회 상임위원장)

산이 높으면 골이 깊다고 하는 말은 조지 헌터에게 가장 잘 어울리는 말 같다. 조지 헌터의 삶을 들여다보면서 '굳이 이렇게 해야 하나' 하고 고개를 갸우뚱할만한 일도 많이 있었다. 하지만 그는 일편단심(Single Mindedness)으로 주님을 따랐다는 면에서 고개가 숙여지는 위대한 선교사다. 그는 하나님이 주신 사명 아니,

숙명을 충실히 따랐다. 그 숙명으로 나가는 데에 걸림이 될 것이라고 예상하는 것들에 대해서는 과감하게 행동했다. 심지어 자신이 고비사막을 넘나들며 험악한 환경에서 복음을 전하는 일에만 전념할 것을 예상하고 결혼도 생각하지 않았다.

그것을 작가는 이렇게 표현했다.

"…각 세대마다 멜기세덱과 같이 겉으로 보기에 부모나 가족이 없이 땅에서 생을 시작한 것처럼 보이는 사람들이 있다는 사실을 알고 있을 것이다. 그 사람들은 다소 자기 세대로부터 동떨어져 있고 아무도 그들을 인간적인 배경과 연관시켜 생각하지 않는다. 그저 특별한 사역으로 부르심을 받았기 때문에 고독한 개인으로 살아가면서 자기 앞에 놓인 사명(나는 '사명'이라는 단어보다는 '숙명'이라고 부르고 싶다.)을 성취하기 전까지는 마음의 쉼을 누리지 못하고 이 세상을 떠날 때에도 그 죽음을 애통해하거나 극심한 고통으로 받아들이는 사람 하나 없는 그런 인물이다. 그들은 본성적으로 사람들의 구속으로부터 자유로우며 자기 인생을 주관하는 내면의 목소리를 제외하고는 그 어떤 것의 통제도 받지 않는다. 바로 조지 헌터가 그런 사람이었다."

이것보다 조지 헌터를 더 잘 설명하는 표현은 세상에서 찾기 어려울 것이다. 조지 헌터와 그와 함께 힘든 상황에서도 복음을 전하다가 먼저 주님께 간 퍼시 매더에 대해서 작가는 또 이렇게 말한다.

"그들에게는 공통점이 있었는데 분명한 삶의 목표를 우선순위에 두고 가장 중요한 그것을 위해서 다른 모든 것은 지배하고 통제하는 단호함이었다. 윙클맨의 말대로 그 중심의 열정을 관통하지 않은 그 어떤 것도 삶에 허용될 수 없었다. 그들에게 있어서 그 중심의 열정은 그리스도와 각자의 삶을 향한 그분의 부르심을 아는 것이었다. 그들은 그리스도께 완전히 사로잡힌 진정한 크리스천이었다."

많은 사람들이 조지 헌터처럼 헌신된 삶을 살려고 하지도 않지만 만약 그렇게 살았다면 자신의 희생이 은근히 사람들에게 알려지거나 그 헌신에 대해서 이 세상의 알량한 보상을 추구하려는 속물근성을 드러내는 경우도 많다. 하지만 그는 하나의 목표를 향해서 뚜벅뚜벅 걸어갔다. 그리고 그 세대가 지남과 동시에 잊혀지고 말았다. 하지만 그가 살았던 시대로부터 100여 년이 지난 지금 그의 삶은 다시 사람들에게 조명되기 시작했다. 조지 헌터의 삶이 보여주는 것은 아무런 보상을 기대하지 않는 헌신이다. 그것이야 말로 진정한 예수 그리스도를 향한 사랑이다. 그래서 그의 삶이 21세기를 사는 우리에게도 여전히 중요한 메시지가 되고 있다.

이 책은 선교에 헌신하려는 모든 성도들이 마땅히 읽어야 할 책이다. 동시에 예수 그리스도를 따르는 제자의 삶을 사는 사람들에게 헌신의 귀중한 본이 되었다는 면에서 모든 그리스도인들이 읽어야 할 책이기도 하다.

손창남 선교사 (한국OMF 동원사역 디렉터)

저자의 노트:

이 책은 아주 독특했던 한 사람의 생애와 사역을 기록한 것이다. 저자들은 그 위대했던 영혼의 이야기를 진지하고 충실하게 쓰려고 애를 썼다. 교회 조직이나 선교회의 정책에 관하여 이 책에 기록된 진술이나 관점은 주인공 한 사람의 의견이기 때문에 저자들과 다를 수 있다.

CHAPTER ONE 1장

조지 헌터

생각을 많이 하는 사람이라면 각 세대마다 멜기세덱과 같이 겉으로 보기에 부모나 가족이 없이 이 땅에서 생을 시작한 것처럼 보이는 사람들이 있다는 사실을 알고 있을 것이다. 그 사람들은 다소 자기 세대로부터 동떨어져 있고 아무도 그들을 인간적인 배경과 연관시켜서 생각하지 않는다. 그저 특별한 사역으로 부르심을 받았기 때문에 고독한 개인으로 살아가면서 자기 앞에 놓인 사명을 성취하기 전까지는 마음의 쉼을 누리지 못하고 이 세상을 떠날 때에도 그 죽음을 애통해하거나 극심한 고통으로 받아들이는 사람 하나 없는 그런 인물이다. 그들은 본성적으로 사람들의 구속으로부터 자유로우며 자기 인생을 주관하는 내면의 목소리를 제외하고는 그 어떤 것의 통제도 받지 않는다.

바로 조지 헌터가 그런 사람이었다. 살아 있을 때에도 친구나 동료에게도 결코 밝히지 않고 비밀로 부쳐두고 싶어 했는데 그 가려진 베일을 걷어 내린다는 것이 거의 무례한 시도로 보이기도 한다. 그러나 헌터가 살았던 특이한 시대의 환경을 살펴보면서 그가 그런 사람일 수밖에 없었음을 수긍할 수 있었다. 사람들은 조지 헌터를 '고비의 스코틀랜드인', '투르키스탄의 사도', '외로운 전사' 등의 이름으로 불렀다. 각각의 이름은 어느 정도는 사실이지만 그에게는 한마디로 표현할 수 없는 그 이상의 독특한 개성이 있었다. 조지 헌터는 자기가 머물러 지냈던 지역에서는 거의 전설적인 인물이었다. 우루무치의 집을 나와 떠돌아다닌 기간이 그리 오래지는 않았지만 영원한 것은 시간에 의해서 측정되는 것이 아니었다. 그는 말년에 옛것이 지나가고 새것이 도래하는 것을 보았다. 조지 헌터는 옛것에 속한 사람으로 옛것이 지나가자 그도 함께 사라졌다.

큰 키에 날씬하고 각진 체형, 짙은 회색머리와 파란 눈, 그리고 친구와 인사를 나눌 때 특이하게 오른쪽으로 머리를 구부리는 모습은 그를 아는 사람들에게 영원히 기억될 것이다. 헌터는 국적뿐만 아니라 뼛속까지 영국인이었는데 그 앞에서 영국을 비판했다가는 큰 꾸지람을 받을 각오가 되어 있어야 했다. 그가 알고 있는 영국이라는 나라는 특별히 빅토리아 시대의 영국이었는데, 그에게 있어서 영국은 자유의 깃발을 내건 땅, 노예를 해방시킨 땅, 특별한 방식으로 전 세계에 예수 그리스도의 복음을 전파한, 그래서 위대한 선교적인 사회의 중심이 된 땅을 의미했다.

그는 자신의 여권을 발행해 주었던 카슈가르에서 영국 정부의 영향력이 약해지는 것을 무엇보다도 안타까워했다. 왜냐하면 영국이 이곳에서 지휘권을 확고히 하는데 실패하면 필연적으로 그가 가장 두려워하는 세력인 러시아의 손안에 들어가 더 심한 통제를 받게 될 것이기 때문이었다. 하지만 그는 정부가 금하고 있는 정치적인 말을 그 나라에서는 입 밖에 낸 적이 없었다. 그 주제로 대화를 하는 것은 아주 위험한 일이었다. 이 마을에서 저 마을로 여행을 하면 사람들은 그의 정치적 신념에 대해 듣고 싶어 했다. 여관과 식당의 벽에는 다음과 같은 안내문이 붙어있었다.

'국가의 문제를 토론하는 것은 금지되어 있습니다.'

헌터는 중국인이나 투르키 친구들이 동서양에 관계된 국가차원의 문제에 대해 질문을 하면 이 안내문을 지적하면서 정중하지만 단호하게 이렇게 말했다.

"자네들, 국가의 문제를 토론하는 것이 금지되어 있다는 것을 기억하게나."

그는 정부의 명령에 순종하여 그것으로 끝을 내고 말을 아꼈다. 그렇게 조심성 있고 법을 잘 지키는 사람이 끝내 영국의 스파이로 고소되어 법정에서 감옥행을 선고받았다고 하면 매우 이상하게 들릴지 모르지만 실제로 그런 일이 있었다. 지난 5년 간 비밀경찰은 헌터를 끔찍하게 박해했다. 집 앞에 감시인 한 명을 배치해두었다가 헌터가 스파이였다는 죄목을 씌워 체포해서는 감옥에 가두었다. 그곳에서 훈련된 고문관에게 끔찍한 고문을 당했다.

고문관은 극악무도한 고문 방법을 써서 그의 사생활이나 대인관계를 캐내려고 애썼지만 별 소득이 없었다. 살아있는 사람 중에 조지 헌터보다 숨길 것이 없는 사람도 드물었기 때문이다. 하지만 그들이 의도했던 대로 그의 정신적인 평정심을 흔들어 놓는 일에는 성공했다. 항상 저녁에 심문하여 잠을 못 자게하고 극도로 피로하게 하여 평상시보다 저항하지 못하도록 만들었다. 그리고 강장제라고 속이면서 정신질환 약을 먹여서 정신을 무감각하게 만들었다. 심문관은 때때로 매우 친절하게 대해주다가 또 어느 때엔 무자비하게 학대하기도 했다. 그때 겪었던 정신적인 스트레스로 인한 괴로움을 조지 헌터는 다음과 같은 기록으로 남겼다.

'의지력이 떨어지도록 주입된 약 기운이 나를 엄습해서 버티기가 매우 힘들었다. 만약 그들이 심문을 조금 더 오래 계속했다면 아마도 내가 스스로 스파이라고 말했을지도 모르겠다.'

그 이후로 그는 소비에트 형사 재판에서 피고들이 왜 항상 자기가 유죄라고 대답하는지를 이해하게 되었다.

감방 안에 놓아 둔 눈부신 전구의 불빛이 너무도 강렬해서 죄수들에게 고문이 되었다. 교도관들은 죄수가 이 고문하는 불빛을 피하려고 담요로 눈을 가리기라도 하면 조용히 들어와 얼굴에서 담요를 벗겨냈다. 헌터와 함께 수감된 사람은 수염을 길렀는데 교도관들은 거기에다 실을 매달았다. 그리고 감방 문 앞을 지나갈 때마다 그것을 잡아당겨서 잠시도 쉬지 못하도록 했다. 계속 밝은 불빛 아래서 감시를 당하는 고문 때문에 두 사람은 점차 고자질을 하게 되었다. 동일한 고문을 받았던 희생자는 그 상태를 이렇게 표현했다.

'공포의 분위기가 예술적인 완벽함과 함께 유지되고 있었다.'

헌터는 풀려나서 숨을 거두기 얼마 전에 이런 글을 썼다.

'이것은 일반적인 수감생활의 괴로움 정도가 아니라 악마적인 심리학을 완벽하게 이용하여 괴롭히는 것이니 무슨 수단을 써서라도 본국 교회에 알려야 한다. 감옥에서 풀려나고 오랜 시간이 흘러도 당신에게는 여전히 조롱하는 목소리가 들리고 여전히 그 사람들이 당신을 쫓아와서 다치게 하고 해치려는 느낌을 받을 것이다.'

이런 악명 높은 요원들에게 잡혀 집에서 끌려나와 대부분 다시는 돌아가지 못했던 무기력한 피해자들의 심한 고통을 세상 사람들이 완전히 이해한 적이 있었던가? 우루무치 사람들은 영국 사람이 이런 모욕적인 취급을 받았다는 사실에 놀란 것 같았다.

며칠씩이나 계속해서 조사를 받고 반복해서 고소를 당하는 일이 지속되자 헌터는 아주 기진맥진하였다. 그 힘든 기간 내내 끈질기게 성경책을 달라고 요구했지만 거절당했다. 마음속으로 알고 있는 성경구절이 많은 것이 다행이었다. 후에 이런 기록을 남겼다.

'기독교인들이 말씀을 암송하는 것은 매우 중요하다. 왜냐하면 우리는 바로 앞에 무슨 일이 일어날지를 모르기 때문이다.'

조지 헌터는 자신의 하나님을 알았고 그들이 무슨 짓을 하든 무슨 말을 하든 그 무엇도 그의 신앙고백을 흔들어 놓거나 하나님을 부인하게 할 수 없었다.

"나는 오직 그리스도의 십자가를 전하기 위해 이곳에 온 것이요."

그 후 시험이 더욱 혹독해 질 무렵 유럽에서 일어난 정치적인 사건들이 국제 관계의 변화를 가져왔고 입증할 만한 죄가 없는 영국인을 무기한으로 감옥에 가두는 것이 바람직하지 않게 되자 조지 헌터는 풀려나게 되었다. 그는 승리를 얻은 것처럼 보였지만 많이 상해 있었다. 하나님의 능력에 대해서 새롭게 알게 되었지만 신경에 이상이 왔다. 이따금씩 수감생활에 대해 말을 할라치면 속삭이듯이 목소리를 낮추고는 마치 자기가 적과 스파이들에게 둘러싸인 것 같이 느껴지는지 슬쩍 주위를 둘러보곤 했다. 감옥에서 나왔지만 또 하나의 견딜 수 없는 모욕에 부딪혀야 했다. 경찰은 그가 집에 다시 가지 못하게 했다. 그래서 귀중한 책들을 가져올 수 없었고 정든 곳을 다시 한 번 둘러 볼 수도 없었다. 대신에 그들은 헌터를 곧바로 감옥에서 비행장으로 호송해서 중국땅에 내려주었다. 신장에서 쫓아낸 것이었다. 혼자 남은 헌터는 그곳에서부터 다시 북서쪽으로 이동하여 국경 지역 가까이까지 가서 머물렀다. 만약 신장에 다시 복음의 문이 열린다고 하면 자기가 맨 처음으로 국경을 넘어가서 또 한 번 중앙아시아의 교역로에서 그리스도와 그분의 십자가를 선포하고 싶었던 것이다. 그러한 생각이 마음에 위로가 되었다. 1946년 12월 20일, 조지 헌터는 세상을 떠났다. 동료 선교사들에게서는 멀리 떨어져 있었지만 신실한 중국인 친구들이 그의 마지막을 잘 지켜 주었다.

CHAPTER Two 2장

　장래 중앙아시아의 사도가 될 조지 헌터는 어릴 때 어머니를 여의고 유년시절부터 외롭게 살았다. 그는 킨카딘셔(Kincardineshire)에서 태어나 유년 시절을 디사이드(Deeside)에서 보냈다. 선교사가 되고 싶은 열망에 중국 내지 선교회(CIM)에 지원하였으나 거절당했다. 그래서 관심을 다른 형태의 기독교 봉사로 돌려 얼마간 YMCA 산하에서 일하기도 했다. 중국 내지 선교회에 두 번째로 지원했을 때는 좀 더 호의적으로 받아들여져서, 1889년 선교회에 허입되었다. 몇 달 후에 그는 광대한 양쯔강의 기슭에 위치한 안칭 선교 언어 학교에 다니게 되었다. 그 학교 학생들은 모두 믿지 않는 사람들에게 평생 복음을 전한다는 한 가지 목적을 위해서 준비하고 있었다. 그런데 조지 헌터는 점차로 동료 학생들의 관점이 몇 가지 부분에서 자신과 다른 것 같아 이상했다. 젊은 학생들은 갓 집을 떠나와서 중국인들 가운데 살면서 열정적으로 그리스도를 전하고 싶어 했다. 도착하는 즉시 설교도 명

쾌하게 했다. 선교 회보에는 이러한 간증문도 실려 있었다.

"나는 기독교 가정에서 자랐지만 열다섯 살이 되어서야 그 분을 나의 구주로 영접하고 자신을 온전히 그분께 드리기로 결심했습니다. 이제 이 훈련 기간이 끝나면 그분의 명령에 온전히 순종하여 중국을 향해 갈 것입니다."

그런데 그러한 이력을 가진 동료 학생들이 2년이 채 지나기도 전에 거의 모두가 젊은 여성들을 만나 단숨에 사랑에 빠져 결혼을 하고 가정을 이루는 모습을 지켜보았다. 결혼하여 가정을 이룬 것은 주를 위해 멀리 복음이 전해지지 않는 곳에 가서 복음을 전파하고 고난을 받으며, 죽음까지도 불사하겠다던 그들의 비전을 잃어버리게 만들었다.

조지 헌터는 주님께 헌신하는 인생을 살겠노라고 말하면서도 여전히 너무나 쉽게 곁길로 새어 그 숭고한 목적을 수행하기가 거의 불가능한 방향으로 삶을 꾸려가는 것을 이해할 수가 없다. 마치 선교사 가정이 영국에서 옮겨온 이주 정착민과 같이 불필요하게 복잡한 것들로 말미암아 시간과 에너지를 끊임없이 낭비하고 있다는 생각이 드는 것이었다. 그것이 너무도 싫었다. 조지 헌터 자신에게는 그러한 것들이 하나도 없었다. 그는 선교 센터의 관습, 선교사 공동체에서 수반되는 사회적인 교류, 선교사의 삶에서 중요한 것으로 여겨지는 가정, 아내 그리고 아이들과 같은 것들을 감당할 수가 없었다.

그의 강한 개인주의적인 성향이 언어 학교를 떠나기 전에 드러난 것은 자신이나 다른 사람을 위해서 다행한 일이었다. 선교지를 배정받는 학기 말에 그는 깐수 지방 북서쪽으로 가장 멀리 있는 선교 전초기지로 임명되었다. 그것은 하나님께서 지혜롭게 간섭하셔서 조지 헌터에게 미지의 투르키스탄으로의 길을 열어준 결과였다.

몇 달이나 걸려서 깐수의 수도인 란초우에 도착했는데 그 지역은 아직 선교 사역이 초창기 단계였다. 중국을 가로지르는 이 첫 오지 여행을 하면서 헌터는 선교 여행의 가치와 더불어 선교지에서 발생하는 문제도 발견할 수 있었다. 선교지에서 모든 교회 사역이 한 선교사에게 집중되어 있어서 그 선교사가 그 지역을 떠나면 아무 일도 진행되지 못하는 경우가 종종 있었다. 아마도 헌터는 절대로 그렇게 하지 않았다. 그의 내면에서는 다른 사람들에 의해 밟혀 다져진 길은 다른 사람들이 가게 하고 자기는 옮겨 다니고 싶다는 생각이 본능적으로 일어났다. 주인 부부는 젊은 선교사들을 자기의 집에 기숙생으로 받아들이는데 익숙해 있었고 더할 나위 없이 친절했다. 아침식사는 7시 30분, 점심은 12시 30분, 그리고 저녁은 7시에 제공되니 꼭 식사 시간을 엄수해 달라고 했다. 그러겠다고는 했지만 내심 화가 났다.

'만약 시장에서 7시에 무슬림을 만나 흥미 있는 대화를 하는 중이라면 도중에 그 사람을 내버려두고 서둘러 집으로 가야겠는가? 저녁을 먹으며 잡담이나 듣고 있어야겠는가? 무엇 때문에 중국에 왔단 말인가? 먹고 이야기하거나 산책하고 자기 나라 사람들을 만나기 위해서?'

그는 이렇게 질문하는 것이었다. 그리하여 늘 매끄럽게 돌아가던 그 집의 시간 운영은 이 골치 아픈 손님으로 인해 완전히 엉망이 되었다. 그런데 헌터가 기독교 가정의 일원이어서 소중했던 것이 하나 있었다. 그것은 기도의 동역과 독서 클럽, 그리고 성경공부 모임이었다. 그럼에도 불구하고 조지 헌터는 너무나 개인주의적인 기질이 강해서 평범한 가정의 집단생활을 할 수가 없었고, 그러한 삶의 방식을 지속하지 못하리라는 것이 관계된 사람들의 눈에도 명백해보였다.

얼마 지나지 않아 그는 선교 센터를 떠나 넓은 지역으로 순방을 다녔다. 이슬람 세력이 아주 강한 깐수 남쪽의 호초우 같은 지역에서는 무슬림에 대해 배우기 위해 두 달간 머물러 살았다. 시닝에서도 티벳인들과 함께 살면서 라마승을 어떤 태도로 만나야 하는지에 대해서 처음으로 배웠다. 닝샤에서는 카라반이 다니던 길의 교차지점에서 그들을 만났고, 량초우에서 헌터는 투르키스탄 쪽으로 향하는 대로 위로 산맥 너머의 북서쪽 땅을 그려보고 있었다. 그의 영혼은 이미 개척자의 삶을 시작하고 있는 것이었다.

헌터는 무슬림 형제들과 교제하는 것이 무척이나 흥미로워서 그 일에 사로잡혀 있었다. 그래서 이런 기록을 남겼다.

> 내가 중국에 도착했을 때는 그곳에 이슬람 공동체가 있다는 사실을 전혀 몰랐다. 무슬림을 처음 만난 곳은 한코우와 한청 사이를 흐르는 한강 위 배 안에서였다. 이곳에서 청년 두 명이 우리에게 와서 자기들이 킹 박사 친구라고 소개하면서 이슬람교의 '순수 종파'에 속해 있다고 자랑했다.
>
> 그 후 육로 여행을 하면서 중국인들의 신당에 경의를 표하지 않고 도리어 그것들을 채찍으로 내려치는 마부를 보았는데, 그 장면에서 내가 알게 된 것은 그는 우상 숭배자가 아니라 무슬림이라는 사실이었다.
>
> 한 번은 당가르 근처의 아름다운 산에서 야영을 하고 있는데, 마을 모스크에서 기도 시간을 알리는 소리가 들려 놀란 적이 있었다. 티벳 국경에는 무슬림들이 많이 살고 있었고 티벳어를 배워서 티벳인들과 무역을 하는 사람도 있었다. 그중에는 티벳 승려들이 공식적으로 고용하여 베이징까지 통역관으로 동행하는 사람도 있었다. 중국인들은 티벳이 멀다고 가려고 하지 않았지만 무슬림들은 무역을 하기 위해 내지까지 먼 길을 마다하지 않고 여행을 하곤 했다.
>
> 호초우는 무슬림들의 중요한 중심 도시였는데 그곳에서 그들은 중국인들보다 훨씬 더 성공적으로 장사했다. 중국어 '지엔'은 '교활'하고

'부정직'하다는 의미를 동시에 지닌 단어인데, 호초우 사람들은 그러한 특성을 지니고 있었다. 한 사람이 나에게 와서 가짜 은을 만드는 방법을 가르쳐 줄 수 있는지를 물었다. 그것으로 무엇을 할 것이냐고 묻자 티벳인들과 무역을 하기 위해서라고 했다. 무슬림들이 가짜 은으로 티벳인을 속이는 습관이 있다는 것을 중국 상인들도 알고 있었다.

호초우 무슬림 중에는 아주 논쟁을 잘하는 영민한 사람들이 있었다. 한번은 내가 우연히 모하메드가 8~9명의 아내들을 취했으니 성자였을 리가 없다고 하자, 그들은 즉시 비록 솔로몬은 그 보다 더 많은 아내가 있었지만 성자였지 않느냐고 했다. 또한 그들은 무슬림은 아무도 기독교인이 되는 일은 없을 것이라며 나를 조롱했다. 내가 호초우 지역을 자주 드나들지만 아직 아무도 그리스도인이 된 사람이 없지 않느냐고 했다. 그럼에도 불구하고 타오초우 같은 데서 여성 선교사들은 친절하게 의료 사역을 펼친 결과 중국인들뿐만 아니라 무슬림들에게도 신뢰를 많이 얻고 있었다. 내가 묵었던 여관 주인 부부는 계속해서 말다툼을 하고 있었다. 주인은 자기 병을 치료할 수 있는 약을 좀 줄 수 있는지를 물었는데 반면 그 아내는 남편이 죽을 가망성이 조금이라도 있는지를 물었다. 호초우와 타오초우 두 곳에서 모두 무슬림들은 의료 사역에 대해 매우 고마움을 느끼고 있었다. 많은 사람들이 아라비아어와 중국어로 된 쪽 성경을 샀다. 물론 물라(이슬람교 율법학자-역주)들은 가능한 한 이것을 막으려고 했다.

호초우에 머무는 동안 반란이 일어나는 것을 목격할 기회가 있었다. 그것은 공기 중에 퍼지는 악성 전염병과 비슷했다. 악한 소문들이 퍼지기 시작하자 두려움을 느낀 중국인들은 재산을 도시로 옮겼다. 부유한 무슬림들은 반란이 일어나길 바라지 않았지만 잃을 것이 없는 무례하고 저속한 부류의 사람들은 단지 약탈의 기회가 생긴 것만으로도 매우 기뻐했다. 물라들은 이 하층계급 사람들을 선동하여 중국인들이 무슬림들을 대학살하려고 한다는 루머를 퍼트렸다. 중국인 쪽에서도 가만히 있지 않고 반박하자, 두 부류 사이에 싸움이 시작되었고 시간이 지날수록 서로 더욱 흥분하고 분격했다. 대량 학살은 끔찍했고 나는 확실히 다시는 어떠한 이슬람 반란도 보고 싶지 않았다. 그럼에도 불구하고 나는 여전히 다른 어떤 무슬림 국가보다 중국에 무슬림을 향한 문이 더 활짝 열려있다고 생각한다.

19세기 말과 20세기 초는 중국 제국 전역이 사회적, 정치적으로 불안한 시기였다. 만주 왕조가 몰락하고 있었고 무슬림 반란은 북서쪽으로 확산해갔다. 기독교를 짓밟고 중국인들을 위해 그들의 삶을 헌신한 모든 선교사들을 무자비하게 살해하기 위해 한 사람이 의도적으로 시도한 의화단의 난이 막 폭발하기 직전 상황이었다. 외국인들을 바로 죽이라는 황태후가 내린 단호한 명령은 각 지방관하로 전달되었다. 그러나 지식층 중국 관리들은 '늙은 부처'가 증오 때문에 미쳐서 나라를 망하게 하는 파멸의 길로 가고 있음을 알았다. 깐수의 관리도 그렇게 생각하고 자기 관할권 아래에 있는 선교사들에게 목을 베는 대신에 안전한 해안

카슈가르의 모스크

카슈가르의 모스크

지방으로 옮겨가라고 권고했다. 그리고 심지어 그들에게 필요한 비용을 충당할 수 있도록 상당한 금액의 돈을 주기도 했다.

그리하여 조지 헌터는 이러한 모든 경험과 사역을 한 후 11년 만에 고향 애버딘으로 돌아가 그의 긴 선교 인생에서 단 한 번뿐이었던 휴가를 보내게 되었다. 만약 의화단의 난이 일어나지 않았다면 그는 사랑하는 고국 스코틀랜드를 다시는 보지 못했을 것이다. 헌터는 휴가 동안의 일들을 한 번도 언급한 적이 없었다. 그에게는 그 시간들이 전혀 즐겁지 않았다. 다시 중국으로 돌아갈 수 있을 때까지 참고 견뎌야 하는 시간이었다. 그에게 휴가라는 것은 오래된 상처를 끄집어내고 묻어두었던 관계들을 억지로 상기하며, 잊어버리기로 한 사람들을 대면하는 시간이었다.

청년 때 조지 헌터는 온 마음을 다해 헌신적으로 한 여인을 사랑했다. 그녀는 병이 들어 22살의 나이로 죽으면서 헌터에게서 받은 신약 성경과 모든 편지들을 자신과 함께 묻어달라고 부탁했다. 조지 헌터는 그대로 해준 후, 홀로 쓸쓸히 지내다가 바로 선교 사역에 헌신한 것이었다. 제시와 그녀와 관련된 모든 것을 그는 마음 속 깊은 곳에 함께 묻었다.

이번에 휴가를 맞아 에버딘을 다시 방문하자 그 모든 고통과 슬픔이 되살아났다. 묘지에 가보니 사랑했던 여인의 무덤에 묘표도 없었다. 그래서 그녀의 가까운 친척들을 찾아가 무덤에 비석을 세울 수 있게 해달라고 부탁했지만 아무도 협조하지 않았다. 그래도 헌터는 단념할 수가 없었다. 그래서 고심 끝에 무덤 위에 하트 모양의 화강암을 세워 자기 마음을 표현했다. 헌터에게 있어서 그것은 자신의 사랑을 받았던 그 여인을 향한 영원한 충절의 증명이자 존경과 헌신의 징표였다. 그의 길은 이제 새로운 방향을 향해 놓였고 외로운 개척자는 용기와 열정을 가지고 다시 나아갈 수 있었다. 이제 그의 마음은 모든 혈연과 얽매임에서 자유하였다. 제시와 그는 순례의 여정이 모두 끝난 후 다시 만나게 될 것이었다.

붙임성 있는 투르크 아이들

카작 여인

메카 성지 순례를 마친 무슬림 가족

CHAPTER Three 3장

    1902년 짧은 공고문이 중국 내지 선교회 정기 간행물인 차이나스 밀리언즈에 실렸다.
    '2월 24일. 조지 헌터. 중국으로 출발'
    마지막으로 그는 집과 고국에 작별을 고하고 동쪽을 향해 항해했다. 얼마 후 추가 공고가 있었다.
    'G. W. 헌터를 깐수 지역으로 임명'
    중국으로부터의 추방 기간은 끝났고 그의 앞에는 길고 긴 여정이 놓여 있었다.
    명목상으로는 란초우의 지방 중심 도시로 재임명되었지만 헌터는 공식적인 임명에 매여 있을 사람이 아니었다. 그는 늘 독자적이었고 어떠한 선교권이든지 한 장소에 오래 머무르지 못했다. 얼마 안되어 끝을 알 수 없는 오지 여행의 그 자유로운 공기를 마시기 위해 공동체 생활이라는 짜증스러운 고역으로부터 도망쳐 나왔다. 그는 이번에는 만리장성의 입구에 도착해서 길게 뻗어있는 사막과 광활한 오아시스를 통과하여 북서쪽으로 난 대로를 따라 여행하다가 드디어 고비사막의 딱딱한 바닥 위에 올라섰다. 이곳에서 그는 자유를 누릴 수 있었다. 다른 선교사가 이미 차지한 점유지를 자신이 무단침입하고 있는지 아닌지를 고려할 필요도 없었고 선교 당국이 감독이라고 부르는 사람에게 긴 오지 여행을 할 수 있도록 허가를 요청하는 글을 억지로 쓰지 않아도 되었다. 마침내 그는 완전히 자유로워졌다. 비록 외로움이라는 대가를 치러야하긴 했지만 관례와 절차라는 장애물의 제약 아래에서 눈에 보이는 성과를 내야한다는 중압감에 비하면 그 외로움이라는 것은 오히려 즐거운 것이었다.

조지 헌터는 말년에 이 책의 저자들에게 의료 문제로 해안 도시를 다시 방문했을 때에 그가 느꼈던 불편한 심경에 관해 이야기하곤 했다. 그곳에는 방해 요소가 많아 매우 귀찮았다. 북적이는 선교 센터의 분위기는 투르키스탄에서 고립되어 고요한 시간을 보낸 헌터에게 견딜 수 없는 것이었다. 선교 센터의 사람들은 모두 이 베테랑 선교사가 행복하고 편안하게 지낼 수 있도록 최선을 다했지만 헌터는 그곳을 떠나 한 러시아 가정에서 생활했다. 그곳에서 그는 러시아어를 배웠고 무질서한 그 보헤미안풍의 가정에서 행복과 안정감을 누렸다.

조지 헌터는 다른 누군가가 기초를 놓은 땅이 아닌 미지의 세계로 가고자하는 내면의 욕구에 이끌려 끝을 알 수 없는 여정을 시작했다. 왜냐하면 그의 영혼은 선교사 사회의 고정된 요구가 있는 곳에서는 안식을 누릴 수가 없었기 때문이었다. 그는 새로운 영역을 원했다. 아직 복음을 전해 듣지 못한 사람들을 원했다. 또한 공간을 원했다. 무엇보다도 헌터는 자유와 해방을 원했다!

'세월이 이렇게 빠른데, 나도 빨리 떠나고 싶다.'

처음에는 란초우에서 약 27번째 역인 둔황까지 밖에 갈 수 없었다. 깐수 지역의 선교 책임자가 선교회의 허가 없이 독자적으로 행동하고 있는 헌터에게 다시 복귀하라는 명령을 전보로 보냈기 때문이었다. 헌터는 마지못해 상부의 지시에 따랐지만 책임자는 곧 그가 맡고 있는 사람이 상부의 명령에 응하는 것으로는 그가 받은 내면의 부르심을 억누를 수 없는 사람이라는 것을 알아차렸다. 헌터는 곧 다시 길을 떠났다.

'때때로 길이 완전히 막혀 있는 것 같은 때가 있었지만 이제 하나님께서 은혜롭게 그 길을 열어주셨다.'

헌터는 어느 누구에게도 자기의 궁극적인 계획을 털어놓지 않았지만, 깐수 북서쪽 넘어 투르키스탄 국경을 지나는 곳까지 가기로 결심했다. 고비 사막을 가로지르는 여행은 고난이 불가피한 길이기는 했지만 오랫동안 홀로 있을 수 있고 간섭 받지 않을 수 있는 여정이었다. 그가 쓴 여행 일기는 다음과 같은 말로 서두를 시작하고 있다.

'지금이 중국에서 가장 행복한 나날이다.'

깐초우 지역에서는 도박꾼들이 밤새도록 소리를 지르고 말다툼을 해서 잠을 이룰 수가 없었다. 그뿐 아니라 새벽녘에 흩어질 때에는 그의 말안장까지도 떼어갔다. 그 도시는 도박 열풍으로 정평이 나있었다. 헌터는 권리를 쉽게 포기하는 사람은 아니었지만 자기가 도둑을 잡아봤자 소용도 없고 경찰의 도움을 받는다고 해도 죄질의 정도와 전혀 맞지 않는 끔찍한 형벌이 가해질 것을 알았기 때문에 도둑들이 그 전리품을 가지고 가도록 내버려둘 수밖에 없었다.

이 지역에서는 아편 양귀비를 재배하는 것을 금지하지 않았다.

'끔찍한 어두움이 이곳을 덮고 있다. 이곳 남자와 여자들은 마약을 할 수 밖에 없다. 더 많은 아편을 사기 위해서 자기들이 가진 것을 전부 파는데, 심지어 자기 자녀마저도 판다. 그리고 그들은 마약 중독자들을 기다리고 있는 피할 수 없는 천벌을 지고 완전한 나락으로 떨어진다.'

헌터는 여행하며 지나는 마을에서 복음서와 소책자들을 많이 팔았다. 중국인들은 소책자를 읽을거리로 여기기도 하지만 겉치레 하기에도 좋은 것으로 여겼다. 그래서 그것들을 소유하기 위해서 기꺼이 돈을 지불하는 것이었다. 그는 어디에서나 설교를 했다.

'사람들의 얼굴 표정은 연구 대상이었다. 놀람, 의심, 조소, 호의, 경멸 그리고 분노의 표정들이 있었다'

그러나 그가 그 지역을 떠나기 전에 한 남자가 더 알고 싶다며 교회에 다니겠다고 하였다. 개척자 조지 헌터는 사람들이 자기가 전하는 종교를 그것을 전하는 사람의 인격과 행동을 보고 판단함을 깨달았다. 그래서 어느 곳에서나 인내, 성실함, 온유 그리고 겸손이 드러나도록 노력했다. 그 결과 헌터는 진실한 말을 하는 사람이며 존경심을 가지고 이야기를 들어야만 하는 정직한 사람으로 인식되었다. 그리하여 큰 마을에 사는 부유한 농부들이 자기 집에 초대하기도 했다.

중국의 만리장성 끝자락 도시에서 지내는 동안 헌터가 수레 수리비로 5,000냥을 썼다는 기록이 있다. 오늘날에는 얼마 되지 않아도 그 때의 수레 수리비 치고는 어마어마한 금액이었다. 당시는 인건비가 싸고 자원이 풍부했으며 또한 이동의 자유가 있던 시대였다. 여행자는 정부 관리 걱정을 하지 않았고 여행 허가를 받을 필요도 없었으며 심지어 멀리 국경까지도 질문과 방해를 받지 않고 넘었다.

만리장성의 정문을 통과하여 정식 절차를 거쳐 중국을 떠날 때 부과되는 약간의 세금을 지불한 후에 고비사막으로 들어섰다.

그 지역을 지나는 여행자들은 언제나 동일한 불안감에 직면한다. 그 곳에서는 낙타 카라반이나 노새가 끄는 수레가 유일한 이동 수단이며 시속 8km 속도로 이동하였다. 사람들은 그러한 고립을 두려워했다. 헌터도 안시 너머를 여행하는 동안 극심한 외로움을 경험했다고 기록했다. 도둑과 강도가 출몰할 지도 모른다는 두려움 속에서 밤새 여행했으며 신기루와 물 부족으로 고통을 당하기도 했다. 그러나 마침내 오아시스가 있는 하미에 도착하여 고기와 과일, 그리고 야채를 살 수 있었다. 이곳에서 묵었던 무슬림 여관에서 란초우에서 알았던 사람을 만났다. 그 사람은 투르키 무슬림이었는데 친구들을 무리로 이끌고 다니는 것을 대단히 자랑스러워하며 으스대던 사람이었다. 헌터가 좋은 기회로 생각하고 복음을 전하려고 하자 그들은 들으려고 하지 않았다. "당신의 말이 아무리 확신이 있고 참되다고 해도 나는 모하메드를 따르기로 결심했어요."라는 것이었다. 이러한 지역에서 선교사는 편견이나 무지에서 벗어나 사람들의 의심을 사는 행동을 하지 않아야 했다.

'산책을 하러 나갔는데 사람들이 의심할까봐 시골 길로는 가지 않았다. 대신에 그저 자연스럽게 전보국에 걸어 들어갔는데 신기하게도 그곳에 정부 우편국에서 보내온 편지 뭉치가 있었다. 이렇게 시원한 냉수를 마시는 것과 같은 기쁨은 전혀 예상하지 못했던 일이었다.'

계속해서 해수면 아래 투르판 분지와 천산 산맥의 험준한 고개 너머로 길게 여정을 이어갔다. 이제 조지 헌터의 목적지는 분명했다. 중국인들은 티화라고 하고 투르크족과 몽골 사람들은 우루무치라고 부르는 곳이었는데 그곳은 투르키스탄의 수도였다. 1906년 3월 27일에 그는 우루무치에 도착하여 그의 표현에 의하면 '꽤 다른 세계'에 발을 내디뎠다. 성 안으로 들어오기 전에 그는 러시아 외곽 지역을 관통하여 제정 러시아 영사관을 지나왔는데, 그곳을 지키고 있는 카작 군인들의 제복은 사람들의 시선을 사로잡는 진홍색이었다. 집들은 이국적으로 지어져 있었고 다양한 양식의 이상한 주택들이 섞여 있었다. 그것이 티화의 특징이었다. 여러 동양 국가들의 만남의 장소인 것이었다. 이곳 치안 판사는 친절하게도 정중한 메시지와 함께 짐승들을 위한 사료를 선물로 보내왔다. 그는 또한 마을에서 엘스워스 헌팅턴이라는 미국 여행자를 만났다. 헌터는 그에게서 투르키 단어집과 정확하고 좋은 그 지역의 지도를 선물로 받아서 아주 기뻤다. 조지 헌터의 허름한 작업실 벽에는 귀하고 가치 있는 수집 도서들이 일렬로 정렬되어 있었는데, 그 책과 지도는 그 중에서 가장 초기의 소장품으로 커다란 기쁨이 된 선물이었다. 티화 거리에서 중국인, 투르키인, 몽골인 그리고 러시아인들을 만났는데 헌터는 마음에 이곳이 하나님께서 자기를 보내신 곳이라는 확신이 들었다. 이곳에 선교

거점을 만들 것이고, 이곳에서 설교하고 가르칠 것이며, 이곳에서 예수의 지식을 가지고 주를 모르는 사람들에게 나아가는 멀고 광활한 여행을 할 것이었다.

조지 헌터의 일기에는 특징이 있다. 꾸밈없이 있는 그대로 썼고 공식화해야 하는 관계로 그 정보가 아주 제한적이다. 선교본부에 의무적으로 글을 쓰기는 했지만 그 글로 젊은이들을 감동시켜서 그들로 하여금 자기 사역에 동참하게끔 하려는 의도는 전혀 없었다. 헌터를 알고 그를 사역지에서 본 사람들은 그 글을 읽고 선교지의 고매한 낭만을 느낄 수 있었을 것이다. 그러나 주행거리, 방문한 지역 그리고 팔고 배포했던 책들과 소책자의 이야기 등, 그의 과장이 없는 진술과 기록에서는 그러한 것들이 전달될 수 없었다.

CHAPTER Four 4장

우선적으로 서둘러 해야 했던 일은 선교지 조사였다. 선교사들에게 그 이상 흥미로운 일이 있을까? 헌터는 몇 주 전에 마지막 동료 선교사와 헤어져 그 이후 계속 사막을 여행했고 앞으로 어떤 어려움들이 있을지에 대해서는 막상 닥칠 때까지 알 수가 없었다. 후에는 중앙아시아 여행에 관해서 권위자가 되었지만 지금은 헌터도 여전히 경험이 없고 다른 사람의 조언이 필요한 사람이었다. 조사 답사를 가려면 여행일정표를 짜기 전에 중국인들이나 투르키 짐마차꾼들에게서 이야기를 들어야만 했다.

중앙아시아 사람들은 아마도 세계에서 가장 넓은 지역을 여행하는 부류에 속할 것이다. 그 지역의 산업은 실크로드(하이로드)를 통한 무역이었다. 지나가는 대상들의 숙소에 쉬고 있으면 중세시대에 속한 물건들을 부지런히 나르는 짐마차꾼들의 환상적인 여행 이야기를 들을 수 있었다. 사실, 사업의 수단은 수세기가 지났어도 거의 변하지 않았고 여행하는 전통도 16세기에 마르코

폴로가 매우 스릴 있게 느꼈던 방식과 여전히 같았다. 조지 헌터는 이 중세풍의 모험에 완전히 사로잡혔는데 그것이 얼마나 혹독한 것인지는 나중에 뼛속깊이 경험할 것이었다.

장기간의 오지 여행을 하기 위해서는 신장 지역의 극심한 기후를 고려할 필요가 있었다. 여행자들은 종종 계절적인 조건을 고려하지 않아 큰 어려움을 경험하곤 했다. 시베리아 국경 근처에는 심한 눈 폭풍이 엄청난 힘으로 몰아쳐서 매년 겨울 여행자들이 생명을 잃는 곳이 있었다. 반면에 투르판의 한 여름 열기는 너무 강해서 그 시기에는 아무도 남쪽 길을 지나갈 수 없었다. 겨울에 수위가 낮아졌던 강바닥은 눈이 녹으면서 얕은 개울에서 아주 위험한 급류로 변한다. 장마철에는 수많은 마을 사람들과 여행객들이 익사하기도 하는 등, 그의 일기에는 이 위험한 강들이 계속해서 언급되고 있으며 강을 건너던 사람과 말들이 이 거친 물의 소용돌이 속으로 쓸려 떠내려갔다는 기록도 있다

헌터는 위대한 선교 명령에 순종하여 온갖 종류의 위험과 어려움을 겪었다. 그러면서도 현명하게 자신의 삶을 유지하고, 견딜 수 없을 정도로 지나친 어려움은 지혜롭게 피하는 방법을 배워 용케도 신장에서 선교의 문이 닫힐 때까지 사역할 수 있었다.

1906년 6월에 헌터는 사전 답사 차 우루무치를 떠났다. 그 여행길에서 만난 중국인 형제 두 명은 젊었을 때 산시의 시 목사 집

에서 기독교를 접한 적이 있다고 했다. 그러나 세월이 흘러 신장에 살고부터는 복음에 대해서는 아무것도 듣지 못하고 있었다. 이 사람들은 선교사를 집으로 초대해서 매우 환대했다. 그 첫 방문 이후로 그들은 조지 헌터의 든든한 친구가 되었고 그 지역을 지나갈 때마다 그 집에서 머물 수 있었다.

3개월 후에 그는 다시 한 번 하이로드로 가서 그 다정한 형제들을 방문했다. 그 후 천산을 가로질러 카슈가르로 이어지는 남쪽 길의 무슬림 중심지로 향했다. 헌터가 지나온 지역의 무슬림과 중국인들은 서로에게 거의 애정이 없었다. 그 두 부류의 사람들은 자기들 사이에서 생길 수 있는 마찰과 충돌을 피하기 위해 자매 도시를 만들어 살고 있었다. 그런 곳이 많았다. 11월 말에는 카슈가르 지역의 몽골인 마을에서 지내다가 그 해 말에 헌터는 악쑤(중국 신장 웨이우얼 자치구에 있는 오아시스 도시-역주)의 중심 마을로 이동했다. 일거리를 찾는 인파로 가득한 중동의 시장이 서는 곳마다 그는 자신이 바라던 청중들을 얻을 수 있었다. 설교는 그곳 사람들에게 신기한 것이어서 그들은 선뜻 복음서를 사가고 그가 나누어주는 소책자를 받아갔다.

그들은 유물론적인 사고를 하는 무슬림이었는데 종교적인 예식은 좋아하지만 매일의 삶에 적용되는 진실한 종교심은 없었다. 그래도 하나님을 향한 진정한 열망을 가진 사람도 가끔 있었다. 한 지역에서는 물라 한 사람이 그에게 와서 책을 한 권 달라고 했다. 그 율법학자는 아라비아어 신약성경을 받아들고는 매우 기뻐하며 자기 얼굴을 성경에 파묻고 그것에 몇 번이나 입맞춤을 했다.

마을과 마을 사이에는 야생 동물들이 많고 야생 멧돼지가 농작물에 큰 피해를 주는 곳도 있었다. 여행 초기에 그는 포도, 배, 자두, 사과, 멜론, 석류 같은 풍성한 가을 과일들을 즐겨 먹을수 있었다. 그러나 계절이 지날수록 여건은 척박해졌고 눈이 내리는 사막 지역을 지나는 길은 길고도 힘든 여정이었다.

'이렇게 넓은 지역인데 사람이 살지 않는다. 북쪽으로는 메마른 산이 있고 남쪽으로는 넓은 초원과 나무들로 이루어진 숲이 있는데 구불거리는 강과 비옥한 호수 그리고 습한 초원이 있는 정말로 아름다운 곳이다. 눈으로 덮인 산들과 빙하는 때때로 해발 6천m 높이로 솟아있는 반면 몇몇 골짜기들과 평원은 해수면 아래에 잠겨있다. 사막은 겨울에는 춥지만 여름에는 타는 듯이 덥다. 도시와 마을들은 곡식, 과일 그리고 야채들이 풍부하게 자라는 비옥한 지역에 자리 잡고 있지만 마을과 마을 사이는 정글과 숲, 그리고 광활한 불모의 땅이었다.'

헌터가 자주 들렀던 몽골의 식민지는 살아있는 부처 왕자가 다스리고 있었고 식민지에서는 그들에게 신하의 예를 갖추어 조공을 바쳤다. 악쑤에서 헌터는 유명한 고고학자이며 프랑스 탐험대의 리더인 펠리엇 교수를 만났다. 그 교수는 신장지역에서 매우 귀중한 조사를 하고 있었다. 그는 헌터에게 오랫동안 가지고 싶어 했던 카슈가르-투르키 사전을 선물로 주었다. 유명한 과학자와 여행자들이 신장에 연구 작업을 하러 오고 있었다. 나중에 집이 생겼을 때 많은 사람들이 손님으로 거쳐 갔다. 처음에는 그 손님들에게서 흥미로운 것들을 많이 배웠지만 나중에 정보를 얻어가는 쪽은 헌터가 아니라 그 손님들이었다.

얀다마에서 그는 이렇게 썼다.

'오늘 아침 나는 카슈가르에서 어디에 머물러야 할지를 고민했다. 그런데 한 마을을 지나가는데 영국 총영사인 조지 맥카트니 경의 편지를 전해 받았다. '헌터씨, 만약 오늘 카슈가르로 오신다면 제가 영접하러 가겠습니다. 물론 치미바그의 저희 집에는 선교사님을 위한 방이 준비되어 있으니 그곳으로 바로 오셔도 됩니다.'

티화를 떠난 지 정확히 세 달째 되던 1월 12일에 헌터는 카슈가르에 도착했고, 그곳에서 총영사는 최대한의 예우로 그를 환대해 주었다.

카슈가르 전 러시아 영사관

카슈가르 전 영국 대사관

CHAPTER Five 5장

    카슈가르에서 9주동안 헌터는 언짢은 일 없이 좋은 휴가 기간을 보낼 수 있었다. 주인은 헌터를 세심하게 배려해 주었다. 식사는 함께 했지만 다른 시간은 자기 마음대로 자유롭게 보냈다.

    '그 집의 네팔인 하인 데이빗은 시베리아에 머문 적이 있었고 러시아어도 할 줄 알았다. 또 나에게 영어로 식사시간을 알려주었다. 데이빗은 내 방 담당이었고 라다크(인도 대륙 북부 잠무카슈미르 주에 속하는 카슈미르 동부지역-역주) 출신이었다. 나를 너무 친절하게 대해주어 여행하며 다니는 그 힘든 삶을 다시 시작하기가 쉽지 않을 것 같아 두렵다.'

    헌터는 영사관에서 영어 업무를 봐주었고 매일 시장에서 사람들에게 설교를 하고 복음서를 판매하였다. 그곳에서 카슈가르 스웨덴 선교협회 회원들과도 알게 되었다. 그 협회는 1894년에 발족되었는데 투르키 사람들에게 집중하여 사역하고 있었다. 협회의 회원 중에는 고학력자들이 있어서 투르키어 초급독본, 문법 그리고 사전을 열심히 만들고 있었다. 그러한 것들은 새로 오는 사람들에게 큰 도움이 될 것이었다. 헌터는 매일 아침 물라와 함께 투르키어를 읽었고, 저녁때는 또 그 언어를 유창하게 구사하는 한 스웨덴 선교사로부터 더 배웠다. 그 모든 일은 흥미로웠고 자신이 진보하고 있다는 즐거움이 더하여 시간이 빨리, 그리고 행복하게 지나갔다.

한편 멀리 상하이에서 중요한 선교 컨퍼런스가 개최될 예정이었다. 대표자들은 원근각처에서 회의에 참가하러 오고 있었는데 헌터에게도 가능한 한 참가해달라는 메시지가 도착했다. 카슈가르에서 그는 티화에서 보다 더 빠른 이동 수단을 이용해서 움직일 수 있었다. 상하이에 카라코룸을 지나 인도를 경유하여 가려고 하다가 시기적으로도 어려운 여정이었고 인도 정부로부터 특별한 허가증도 받아야 해서 그것이 가능할 것 같지 않았다. 맥카트니씨는 헌터에게 캐스피언 횡단이나 시베리아 횡단 루트를 제안하며 직접 오쉬에 있는 러시아 정부에 비자 신청을 해 주었다. 그 지역은 카슈가르에서 역마로 10개의 역을 거쳐야 하는 곳이었다. 그런데 신청서가 안내문과 함께 되돌아 왔다. 그 이유인즉 러시아어나 프랑스어, 또는 독일어로 쓰여 진 전보만 통과될 수 있지 영어로 된 것은 부적절한 형태라는 것이었다. 이렇게 지연되다보니 헌터가 컨퍼런스에 참석하기가 불가능한 상황처럼 보였다. 그러나 마침내 거의 포기했을 즈음, 카슈가르 러시아 영사관으로부터 허가서가 전달되었다. 그리하여 그는 또 한 번도 가보지 않은 다른 길로 여행을 하였다.

3월 12일에 나는 야르간트 원주민인 수행원과 가이드를 데리고 산악 조랑말을 타고 카슈가르를 떠났다. 우리는 경작지를 떠나 파미르고원과 천산을 분리시키는 구릉지역으로 들어갔다. 해가 지기 전까지는 모든 것이 잘 진행되었다. 그런데 해가 지자 어둠이 너무 짙어서 바로 앞도 보이지 않았다. 비가 잔잔히 내리더니 점차 눈으로 바뀌기 시작했다. 그때 눈부신 불빛이 번쩍하고 내려오더니 금방 천둥소리가 들렸다. 이 시점에서 우리는 완전히 길을 잃었다. 그러나 마침내 마부가 막사로 가는 길을 찾아내어 거기에서 밤을 보냈다. 다음 날은 모든 것이 순조로워서 해질녘까지 키르키즈스탄 사이에 있는 캠핑 장소에 도착할 수 있었다. 그 다음 날은 눈이 심하게 내려 우리는 또다시 길을 잃었다. 강을 따라 낙타가 지나간 길을 따라갔는데도 완전히 방향을 잃었다. 사람의 흔적은 전혀 없고, 보이는 것이라고는 눈 덮인 음산한 산이 전부요, 들리는 것이라고는 조용히 흐르는 강물 소리뿐이었다. 마부는 강가에서 밤을 지내자고 했지만 더 이상 그를 믿을 수가 없었다. 게다가 그는 카슈가르에서 계약서에 서명하고 지불한 돈 이상으로 더 많은 돈을 달라며 계속 나를 괴롭혔다. 내가 지도와 나침반을 참고해보니 북쪽으로 너무 많이 올라와 있었다. 그래서 그에게 왔던 길로 다시 돌아가자고 했다. 마침내 눈 속에서 갓 지나간 사람 발자국을 발견하여 확신은 없었지만 그것을 따라가기로 했다. 날이 어두워져서 밤을 지낼 장소를 찾아야만 했다. 수북이 쌓인 눈길을 한참 걸어 올라가는데 뒤쪽으로 농가가 보이는 것 같았다. 그런데 다시 가보니 아무 것도 없었다. 너무 실망이 되었다. 그것은 마치 오래된 신기루의 환영 같은 것이었다. 강둑 위에 두텁게 눈이 쌓여 있을 뿐이었다. 이제는 완전히 어두워져서 우리가 따라가고 있는 이 산길이 과연 오쉬로 향하는 길인지도 확신할 수가 없었다. 그때 갑자기 노새를 탄 사람을 만났다. 그 사람도 이 길이 오쉬로 가는 길이며 조금 더 가면 앞에 여관이 있다고 했다. 눈 속을 터벅터벅 걸어 저녁 9시에 키르키즈스탄 야영지에 도착했다. 그곳에는 불도 있고 잠잘 자리도 있어서 우리는 비와 눈으로부터 보호받을 수 있었다. 여관 주인은 나에게 우유 한 컵을 주었고 나는 이 사람들에게 투르키 성경을 주었다.

헌터 일행이 오쉬에 도착하기까지 며칠이 더 걸렸는데 역시 매우 험한 여정이었다. 카슈가르를 떠난 지 12일째 되던 날 헌터는 안디잔에 가기 위해 대형 4륜 마차를 탔다. 안디잔에서 그는 오렌버그행 기차를 타고 후에 시베리아 횡단 열차로 환승하여 동쪽으로 옴스크와 톰스크, 그리고 하얼빈을 향해 갔다.

조지 헌터는 컨퍼런스의 개막일인 1907년 4월 25일에 맞추어 상하이에 도착할 수 있었다. 그는 컨퍼런스와 관련하여 이러한 일기를 썼다.

'옛 친구들을 많이 만나 매우 기뻤다. 그러나 컨퍼런스에서 복음화된 지역들만 너무나 많이 다루고 있었다. 반면에 이 영역권 밖의 광대한 지역은 거의 언급조차 하지 않았다. 이 성대한 상하이 컨퍼런스는 한 시대의 획을 그은 유명한 모임이었다.'

이 컨퍼런스를 위해 오랜 기간 준비했는데, 수많은 타이피스트들이 중국의 모든 선교지에 직접 설문지를 보내고, 대회 조직위원회는 해외에서 대표단들을 데려왔으며, 중국 전역에서 선교사들을 불러 모아 이 방대한 회의를 하기 위해 엄청난 지출을 했다. 모두가 서양 선교사들이었다.(이 회의에 중국인들은 대표단으로 초대 받지 않았다.) 그들은 이야기하고 토론하고 계획을 짜고 수많은 결의문들을 채택했다. 그 결의문들 중 일부는 효력이 있었지만 대부분은 차후에 다루도록 보류하였다.

컨퍼런스 기간 동안 조지 헌터는 중앙에 앉아 토론을 경청하고 있었다. 그러나 어떤 대회 발표자도 중국 변방의 지역들과 관련해서 그 개척자로부터 정보를 얻으려고 하지 않았다. 그들의 보고 중에 분명 그 땅들을 선교 가능 지역으로 언급하기는 했지만 실제적인 것은 다루어지지 않았다. 헌터는 발표를 듣는 동안 몸은 청중석에 앉아 있어도 그의 영혼은 사막지역의 교역로를 거닐고 있었다. 그에게는 더 이상 '신장 지역의 기회'에 관해서 이야기하는 것이 중요하지 않았다. 헌터에게 중요했던 것은 그 지역을 취하고 그 분의 이름을 들어보지 못한 사람들에게 예수 그리스도를 전하는 것이었다. 누군가 그에게 축적되어 있던 정확한 정보를 들려 달라고 부탁했으면 좋았을 것이다. 헌터에게는 천성적으로 유보하는 태도가 있었는데 그것을 극복하도록 도와서 그의 안에만 갇혀있는 지식을 나누어주도록 해야 했다. 하나님의 열린 문을 종종 그냥 지나쳐서 기회가 없어지고 나서야 후회할 때가 있다. 선교 담당자들은 하나님이 문을 열면 닫을 자가 아무도 없고 또한 그분이 문을 닫으시면 아무도 들어갈 수 없다는 것을 잊고 이미 닫혀 버린 땅에 들어가기 위해서 기도를 부탁하고 믿음의 모험을 해달라고 호소한다. 상하이 컨퍼런스를 했던 그때가 바로 교회가 그리스도의 이름으로 투르키 민족들을 얻기 위해서 가장 경험 있는 사람들을 보내야 했던 전략적인 시간이었다. 그 당시는 복음이 어떤 방해와 장애요소 없이 그 길고 넓은 땅에 증거 될 수 있었다. 그러나 애석하게도 보고서와 통계자료, 그리고 토론들 때문에 사람들의 눈이 어두워져 있었다. 당시 열린 기회의 문으로 지체 없이 들어가지 않으면 너무 늦을 수도 있다는 사실을 미처 깨닫지 못한 것이었다. 회의에 참석한 무리 중 누가 몽고족과 카작족, 그리고 키르키즈족의 유목민을 위해서 선교사가 될 준비를 하겠는가? 누가 무슬림들 사이에서 복음의 전령이 되는 고통스러운 짐을 지겠는가? 누가 개척자가 날마다 겪는 숱한 외로움을 받아들이겠는가? 만약 헌터가 이러한 것들을 아는 유일한 사람이었고 이러한 문제들에 관심이 있는 유일한 사람이었다면, 그는 또한 틀림없이 그 짐을 참고 견디면서 중앙아시아의 황량한 사막으로 다시 그 외로운 길을 되돌아가서 홀로 고독한 가운데 사역할 수 있는 유일한 사람이었다. 그 컨퍼런스는 5월 7일에 막을 내렸고 2주 후 5월 21일, 조지 헌터는 하나님께서 그에게 맡기시고 그에게 요구하시는 희생을 담당하기 위해서 다시 굳게 결심을 하고 상하이의 오랜 친구들과 작별을 하였다.

CHAPTER Six 6장

　친숙한 깐수의 교역로로 돌아와서 헌터는 다시 한 번 여행길에 올랐다. 지나는 선교기지마다 그를 극진히 대접해 주었고 다시 길을 떠날 때는 여행 중에 필요한 식량을 제공해 주었다. 그것은 가장 실용적인 선물이었다. 그런데 가는 곳마다 선교 사역자에게 현지인 조력자가 필요하다는 말을 들었다. 여러 사역의 기회에 대해 듣기는 해도 그때마다 신장과 몽골, 그리고 카자흐스탄에서 혼자 순회 선교사로서 사역하는 비전만이 눈앞에 떠올랐다. 사람들이 하는 조언을 정중하게 듣기는 했지만, 다음날 아침이 되면 자기 사명은 온전히 복음화 되지 않은 지역들을 향한 것이라는 확신을 가지고 즐거워하며 길을 떠나는 것이었다.

　란초우를 지나서는 마을과 마을 사이의 거리가 더 멀리 떨어져 있었다. 각 지역과 사람들의 특징도 달랐다. 이 지역은 티벳 지역의 알프스에서 녹아내린 눈이 물이 되어 흘러오고 있었고 지금은 '팬핸들'(좁고 길게 끼어든 지형-역주)이라고 불리는 좁고 긴 땅이 시작되는 곳이었다. 이 좁고 긴 땅으로 티벳과 몽골이 분리되었다. 그리고 다시 한 번 그는 선교사들이 한 번도 밟아보지 않은 영역을 둘러보았다. 외로움 속에서 며칠을 보낸 후에 헌터는 영국 성서 공회(BFBS, The British and Foreign Bible Society) 소속의 한 권서(勸書)인을 만났는데, 그는 신실하게 자신의 자리에서 부르심의 소명을 다하며 여러 언어로 된 성경책 꾸러미를 들고 사람들이 모여 있는 시장과 정기적으로 열리는 장터들을 다니고 있었다. 그 시기에 헌터에게 큰 힘이 되었던 사람이었다.

깐수의 험하고 어려운 산악 길을 여행하는 모든 여행객들은 특히 길에서 발생하는 사고들을 두려워했다. 헌터는 두 번이나 위험한 순간을 다치지 않고 무사히 지날 수 있게 보호해주신 하나님께 감사하고 있었다.

'나는 길 가에서 꽤 위험한 사고를 두 번 당했다. 한 번은 내가 탔던 수레의 축이 부서졌고, 또 한 번은 노새 한 마리가 가파른 강둑 아래로 거칠게 달려 내려갔다. 그러나 하나님께서 나를 보호해 주셔서 다치지 않고 안전하게 란초우에 도착했다. 이곳 친구들은 친절하게도 먼 여행을 해야 하는 나의 수레를 더 편안하게 만들어 주었다.'

란초우에서 그는 한 번 더 중국 내지 선교회의 최전방 전초기지를 지키고 있는 사람들과 작별인사를 나누었다. 그의 앞에는 고비 사막이 놓여 있었고, 그 사막은 지금까지는 어렴풋이 알았지만 지금부터는 그가 완전히 친숙해져야만 하는 곳이었다. 또 다른 땅으로 가기 위해서 반드시 한 번 더 건너야 하는 곳이었다. 깐초우에서 인도 교육학회 소속의 오렐 스타인박사(후에 스타인 경이 됨)를 처음으로 만나 매우 기뻤다. 스타인은 저명한 고고학자로 천불동(the Caves of the Thousand Buddhas)을 답사했고 아직도 중국 북서부와 허텐의 고대 도시에서 고고학 연구를 하고 있었다.

깐초우를 떠나 후히에 도착하기 전에 그는 어려운 상황에 빠졌다.

'길은 매우 험했고 수레가 두 번이나 진흙에 빠졌다. 날이 어두웠지만, 조그만 호롱빛의 도움을 받으며 결국 물과 진흙에서 빠져나왔다. 그러나 얼마 후 또 다시 큰 모래 둑에 부딪혔다. 그래서 마침내 후히에 도착했을 때는 자정이 다되었다. 매우 피곤했고 기분도 아주 좋지 않았다.'

위먼(玉門 : Jade Gate)에서 그는 비극적인 의화단 사건이 일어났던 해를 회상했다.

'이곳은 전형적인 고비 사막 지역이고 사람의 왕래가 적은 곳이다. 이 길을 지나면서 나는 1900년에 이 사막에서 죽었던 니스트롬 가족을 생각했다. 니스트롬 부부는 기독교 선교 연맹 소속이었는데 그 재앙의 해에 깐수 북쪽의 닝샤에 머물고 있었다. 산시 지역의 무시무시한 대학살 소식을 듣자마자 그들은 아이들을 데리고 몽골 외곽 지역의 우르가로 피신하려고 했다. 그러나 알라드렌 왕자의 호위병들이 그들을 멀리 고비사막 안으로 호송하더니(아마도 비밀 지령에 의해서), 그 사막 한 가운데서 죽도록 내버렸다.'

그것이 그들에 관하여 마지막으로 들은 소식이었다.

외로운 황무지의 긴 여행 길에서 조지 헌터는 광활한 사막의 적막함과 고독감 속에서 상상력에 자극을 받아 이러한 시를 남겼다.

거칠고 거친 고비 사막

사랑하는 친구여, 나와 함께 가보지 않겠소?
오늘 친구를 데리고 멀리 가려고 하오.
거칠고 거친 고비 사막을 보여주려고.
사랑스런 사슴과 유쾌한 노루 떼가 수천 마리씩 무리지어 배회하는 곳,
이것이 친구가 아는 그들의 사막 집이라오, 거칠고 거친 고비이지요.

길들이지 않은 낙타도 있어요, 몇 년 만에 이제는 자유롭게 되었지요.
더 이상 사람들에게 무릎을 꿇지 않고, 거친 사막 고비에서 방랑하지요.

사나운 말도 여기에 있답니다. 오래 전, 자기 주인을 떠났어요.
이제 더 이상 마구를 걸치지 않고 맘대로 풀을 뜯어 먹지요,
거칠고 거친 고비인데도.
물 공급이 미미하니 넓은 땅이 메말라 타고 있지요.
높은 산이 방벽으로 둘려 있는 검고 거친 고비랍니다.
그러나 깊고 맑은 물이 흐르는 곳에는 사막이 푸르게 자라 풍성하고
장미처럼 꽃이 피지요. 이 검고 거친 고비에서 말이에요.

가끔 깊고 푸른 하늘이 웅장해 보입니다.
이 거대한 사막의 바다에서 보면 말이지요.
저 위에 더 나은 땅이 있어요, 이 거칠고 거친 험한 고비 보다.
차갑고 사나운 폭풍이 음산하게 불면
여행자는 알아요, 위험이 가까움을.
보호받을 항구도 방파제도 없지요, 이 거칠고 거친 고비에는.

그러나 고비가 그 어떤 모습이어도 나는 편히 잠들곤 합니다.
거칠고 거친 고비를 생각하지 않고 안온히 누워요.
그래도 슬픈 뉴스를 말하지 않을 수 없습니다.
길을 보여주는 안내원이 드물어
수 천 명이 길을 잃고 멀리 멀리 헤맸어요.

이 어둡고 거친 고비에서.

키르키즈 유목민들은 멀리 여행하지만 결코 새벽별을 보지 않습니다.
잔인한 무슬림 전쟁에 정복당해서 거칠고 거친 고비에서 방황합니다.
투르크인은 고대 혈통인데 그들도 이슬람의 멍에에 묶여 있어요.
양떼를 돌보는 목자가 별로 없답니다, 이 드넓고 거친 고비에.

몽골 유목민은 보지 못해요, 갈보리 나무에서 죽은 양을.
헛된 부처를 믿고 그에게 간구하다가 거칠고 거친 고비에서 죽어갑니다.
어디에나 살고 있는 중국인, 먼지 쌓인 우상이 넘쳐나지요.
그들도 건전한 복음을 들은 적이 없어요, 이 멀고 거친 고비 사막에서.

추수할 것은 많은데 일군은 적으니,
그분이 당신에게 무엇을 하라고 명하시는지 물어요.
그분을 향한 거룩한 믿음을 위하여 거칠고 거친 고비에서
그분의 이름을 위하여 그분의 마지막 명령을 받들어 고난을 받아야지요.
온 천하에 다니며 복음을 전해야지요, 이 거칠고 거친 고비에서도.

거친 고비사막

CHAPTER Seven 7장

　처음부터 끝까지 동료 선교사들은 조지헌터를 함께 살기 힘든 사람으로 생각했다. 그는 소위 '원칙'이라고 부르는 문제에 있어서는 타협이라는 것을 몰랐다. 그런데 그 원칙이라는 것도 다른 사람이 보기에는 그저 개인적인 가치관에 지나지 않았다. 예전 란초우 학사관 시절에는 단순하게 내뱉는 그의 말이나 행동때문에 그 작은 집단에 종종 소동이 일어나곤 했다. 선교사로서 평화롭고 조화롭게 살기를 기대했던 그 젊은이들은 조지 헌터를 껄끄러운 사람으로 여겼다. 그런데 그가 침낭을 챙겨서 긴 여행을 시작한 것은 그러한 사람들과 어울리지 못하는 문제 때문만은 아니었다. 그는 온갖 종류의 주제에 관해서 매우 완고한 신념을 가지고 있었기 때문에 사회관계에서 완전히 타협이 불가능한 사람이었다. 그 한 예로, 깐수지역의 한 지방관원이 그 지역 젊은이들을 잔치에 초대한 적이 있었다. 젊은 영국인이 그렇게 공들인 연회에 초대 받은 것은 큰 영광이었는데, 그 잔치에는 엄선된 요리와 좋은 와인, 그리고 손님을 위한 각종 여흥이 가장 세련된 형식으로 준비되어 있었다. 그 관원은 네덜란드 예수회 신부를 식사에 초대하면 자연스럽게 사교적인 분위기가 만들어져서 젊은 외국인들이 좋아할 것이라고 생각했다. 시간이 되어 전령이 손님들에게 연회 준비가 다 되었음을 알렸다. 헌터와 그의 동료들은 늘 입는 중국 옷 차림으로 그 연회장에 도착했는데 천주교 신부들이 그곳에 모습을 드러내자 곤란한 상황이 벌어졌다. 곁에 있던 사람들은 조지 헌터에게 그 지방 관원을 곤란하게 만들지 말아야 한다며 말렸지만 그는 "나는 무슨 일이 있어도 로마 카톨릭 신부와는 함께 앉아 식사를 하지 않을 것이오."라고 말하고는 단호하게 거부하며 그곳을 나왔다. 관원들은 다른 손님들에게 뭐라고 변명해야 할지 몰라 곤란해 했다.

'이 기독교인을 기쁘게 하는 것이 무엇인지 어떻게 알 수 있단 말인가? 두 명을 초대했지만 그 중 한 사람이 절대로 다른 한 사람과 함께 앉지 않겠다고 했다. 상대방을 이토록 싫어하게 만드는 이 교리는 정말로 이상한 것이다. 이것은 천하의 뭇사람들이 모두 형제(四海兄弟)라고 한 현자 공자의 가르침과도 다르기 때문에 정말로 이상하다.'

그의 괴팍한 언행은 정말로 수수께끼였다. 하지만 조지 헌터는 자신이 지독한 사회성 결핍이라고는 생각하지 않고 스스로 옳다고 확신했다. 이 사건은 두말 할 필요도 없이 학사관 내에서 또 하나의 큰 폭풍이었다.

'하나님의 맷돌은 천천히 갈린다. 그러나 그것은 엄청나게 작은 조각으로 갈린다.'

수 십 년 후에 조지 헌터와 한 로마 가톨릭교도는 우루무치의 소비에트 감옥에서 일 년 동안이나 한 감방에 갇혀 있었다. 길고 지루한 몇 달 동안 그들 사이에 오고 간 이야기에 대해서는 알려진 바 없다. 그러나 그들은 함께 심문과 고문, 그리고 불안함을 겪으면서 하나님의 발아래에서 틀림없이 어떤 접촉점을 찾아냈을 것이라고 확신한다.

헌터가 자신의 원칙을 절대 양보하지 않은 또 하나의 부분은 크리스마스나 종교적인 휴일을 기념하는 일에 대한 것이었다. 그는 그러한 의식들에 대해서 완전히 적대적이었다. 멀리서 온 중국인들이 이 외딴 우루무치에서 그 위대한 날을 기념하도록 무슨 행사를 해달라고 요청하자 말도 안 되는 일이라고 했다.

"크리스마스라니(Christ Mass-그리스도의 미사)! 이 교회에 미사(Mass)라고 불리는 것은 있을 수 없소."

그리하여 그저 모여서 캐롤을 부르고 작은 목소리로 크리스마스 인사를 나누는 정도로 비공식적인 모임을 끝냈다. 물론 헌터는 그것에 대해서 아무 것도 알지 못했다. 한 번은 헌터의 이러한 고지식한 견해를 모르는 한 교회 청년이 교회에서 크리스마스 예배를 드려야할 뿐만 아니라 그 축제의 날을 기념하기 위해 교회 안에 장식도 해야 한다고 과감하게 제안했다. 이에 그는 분노하며 장식 목적으로 구입한 꽃들을 모두 내버려서 그 누구도 우리 주님의 탄생을 크리스마스라는 불쾌한 단어와 연관 짓지 못하도록 하였다.

한 번은 오랫동안 알고 지내던 선교사 친구가 그의 집에 장기판을 가지고 놀러 오는 실수를 했다.

"가끔은 저녁 시간에 함께 게임을 해도 좋을 것 같아."

"게임이라니! 자네는 내가 여기에 게임이나 하려고 와있다고 생각하는 건가?"

그 불쾌한 장기판은 다시는 눈에 띄지 않았다. 수 년 후에 또 한 무리의 신임 선교사들이 신장에 배정되었는데 그들 중에 축구공을 가져온 사람이 있었다. 그는 순진하게 그것을 꺼내다가 불같은 베테랑 선교사의 호통에 급히 그 물건을 다른 금지 물품들과 함께 뒤쪽 창고에 숨겨놓았다. 그들 중 또 다른 선교사가 선교관의 넓은 거실을 보고 경솔한 말을 했다.

"널찍해서 탁구치기에 좋을 것 같지 않아?"

"탁구라니!"

헌터는 불같이 화를 냈다.

"나는 이 집을 오락이나 하라고 짓지 않았소."

탁구를 하려는 계획은 그 순간 자연적으로 사라졌고 다시는 입에 오르지 않았다.

밀려오는 파도를 막을 수 없듯이 헌터도 젊은 세대들을 개방으로부터 지키기 위해 싸웠지만, 그것들이 제어할 수 없이 밀려들어 왔을 때 그는 더 이상 이 세상 사람이 아니었다.

말할 필요도 없이 그는 항상 주일을 철저한 안식일로 지켰다. 집에 있을 때뿐만 아니라 여행 중에라도 '주님의 날'에는 절대로 이동하지 않았다. 안식일에 도착하게 된 오아시스가 아무리 끔찍하더라도 그곳에서 짐을 풀고 성경을 읽었다. 그리고 사람들과 이야기를 나누고 그들에게 설교를 했으며 소책자와 복음서들을 나누어 주었다. 그러면서 자신이나 자기가 끌고 온 짐승들이 모두 율법의 조항을 어기지 않도록 했다.

그의 성경 해석은 때때로 매우 당황스러웠다. 왜냐하면 성경 본문을 해석의 미묘한 과정을 거치지 않고 문자 그대로 받아들였기 때문이었다. 예를 들어 예수님의 낙타와 바늘귀 예화와 같은 주제도 완전히 문자 그대로 설교했다. 약간 낮은 문을 지나가게 하려고 낙타 등에 지워진 부피 큰 짐들을 내리고 있는 낙타 카라반을 매일처럼 보면서 살고 있는 마을에서도 그러했다. 만약 조금만 다르게 그 주제를 다루었더라면 그 설교가 얼마나 호소력이 있었겠는가. 그래서 현실주의적인 중국인들은 종종 그의 설교에 놀라 고개를 흔들며 예배 도중에 밖으로 나가곤 했다. 하나님 아버지께서 매일 먹고 입을 것을 채우신다는 그의 믿음은 아름다운 것이었고, 하나님께서는 그 믿음이 흔들릴만한 일은 허락하지 않으셨다. 헌터는 자기가 반드시 하나님이 말씀하신 신성한 규정에 따라 살아야만 한다고 생각했다. 하루는 한 젊은이가 그저 아무 생각 없이 다음날 저녁까지 먹을 음식이 충분하다고 했다. 그러자 헌터는 즉시로 이렇게 책망했다.

"하나님께서는 분명히 필요한 것을 주신다고 하신 약속을 반드시 지키실 것이다. 그렇다고는 해도 하나님의 말씀은 한 번에 하루의 것을 주신다는 것이기 때문에 인간이 그 이상의 것을 요구해서는 안 된다."

그는 다소 당황했다. 헌터에게 일용할 양식은 단지 오늘만을 위해 보장되어있는 것이기 때문에 그 다음날을 위해 염려하는 것은 좋지 않았다. 우리 주님은 분명히 말씀하셨다.

"내일 무엇을 입을까 무엇을 마실까 염려하지 말라."

그리고 내일의 저녁식사에 대해서는 말하지 않는 것이 더 안전하다. 그 누구도 자신의 필요를 채워줄 돈이 어떻게 오는지 거의 모르는 이 선교사의 어린아이와 같은 믿음을 감히 비웃을 수 없었다. 중국 내지 선교회는 결코 송금하는 날짜를 어긴 적이 없었지만 그가 살고 있는 곳은 가끔씩 우편시스템이 닿지 않는 멀고 먼 곳이었다. 그럼에도 그는 그저 그곳에서도 말 그대로 하나님께서 매일 빵과 물을 공급해주실 것이라고 믿었다.

조지 헌터는 검소함, 엄격함 그리고 완고함이 특징인 재미없는 사람이었다. 그러나 그는 중심이 진실했고 가끔 의외의 면을 보여주기도 했다. 충실한 애정과 심지어 부드러운 마음씨를 보일 때도 있었다. 아침 기도 시간에 입다의 딸에 관한 이야기를 읽었을 때, 놀랍게도 그는 눈물을 보였다. 정말 믿을 수 없는 광경이었다.

주어진 시간을 어떻게 보내는가를 보면 그 사람의 성격을 알 수 있다. 드물기는 해도 헌터에게도 쉬는 시간이 있었다. 아마도 우루무치의 집이 눈으로 둘러싸여 며칠 동안 문 밖으로 나갈 수 없었을 때였을 것이다. 그 때 그 고비 사막의 스코틀랜드인은 아가서를 정열적이고 부드러운 운율로 옮기고 있었다.

CHAPTER Eight 8장

　상하이 컨퍼런스에 다녀온 이후 몇 년간 추구해야 할 주된 목표가 두 가지 있었다. 하나는 신장의 모든 여행로에 익숙해지는 것이었고 또 다른 하나는 그 길을 사용하는 모든 사람들과 친숙해지는 것이었다. 그러한 목표 때문에 조지 헌터의 거점 지역은 중국계 투르키인들의 수도에 있어야 했다. 중국인이 티화라고 부르는 그 중심 도시는 아주 분주하고 붐비는 곳이었다. 그 지역과 인접해 살고 있는 타타르족, 투르키족, 그리고 몽골족들은 그곳을 우루무치라고 했고, 반면에 카라반 상인들은 그곳을 헝마오즈라고 부르는 등, 그 지역은 이름이 다양했다.

　이러한 도시의 사역만으로도 시간이 모자랐겠지만 헌터의 열정은 시내에 국한되지 않았다. 사막 야영지나 외부 사람들이 가본 적이 없는 산의 습곡과 계곡까지 가서 야생동물들을 피해서 몸을 숨기고 살고 있는 현지인들도 만났다.

　헌터는 여행하면서 여행 일지를 써서 이제껏 거의 알려지지 않았던 길들을 세상에 알렸다. 그러한 곳에서 그는 전문적인 탐사를 하는 유럽 과학자들을 만났다.

　　로토히에서 천산을 탐사 중인 멀베이쳐 교수와 조버 박사를 만났다. 북서쪽으로 계속 이동하여 내리막길을 따라가니 마나스였다. 마나스 강을 건너려면 그다지 물이 불지 않은 이른 아침이어야 한다고 들었기 때문에 나는 매우 일찍 길을 나섰다. 그러나 강둑에 도착해보니 강이 크게 불어나 있었다. 다른 사람의 도움이 없이 그 강을 건너는 것은 어리석은 일이었다. 도와줄 만한 사람을 기다리며 둑 위에 서 있었다. 이윽고 네 명의 무슬림들이 말을 타고 다가 왔다. 어디쯤에 수로안내 수레가 있는지 물어보려고 했지만 그들은 자기네들이 강을 건너는 일만에도 버거워서 나를 도와주지 못했다. 나는 계속해서 기다리며 그들이 강을 건너는 것을 지켜보았다. 처음에는 한 명이 안전하게 건너편의 둑에 도착했다. 그러나 강의 깊이가 다른지 다른 말들과 그것을 끌던 사람들은 확실히 물에 빠질 것 같이 보였다. 하지만 몇 번을 철벅거리고 허우적거린 후에 다시 균형을 잡고 물속에 빠진 말들의 고삐를 잡아당겨 마침내 모두 서로 도와가며 건너편의 강둑에 도착했다. 나는 수로 안내 수레를 만난 덕분에 강을 건널 수 있었다. 그들 중에 나이가 많은 한 무슬림이 있었는데 물에 빠져 돌아가실 뻔 했다고 하자, 그 노인은 나를 돌아보며 퉁명스럽게 말했다. "만약 신의 뜻이 그렇다면 나는 죽었을 것이고, 그렇지 않다면 나는 살았겠지요." 그의 말은 삶과 신에 대한 무슬림 식 견해의 간결한 요약이었다.

다음에 도착한 큰 마을에서 우루무치에서 알고 지냈던 제정 러시아 영사의 정중한 요청이 있어서 그를 방문했다. 그는 그곳에 여섯 명의 러시아 혁명당원들이 폭탄을 지니고 이곳에 왔으니 주의하라고 경고해 주었다. 곡물을 사려는데, 공안이 내 수레를 세우더니 나를 거칠게 연행해 갔다. 길거리에서 사적인 질문들을 해대서 내가 대답하지 않겠다고 하자 중국 공안국으로 끌고 가 대질심문을 했다. 아주 기분이 나빴다. 그래서 공안이 신분증을 요구했을 때 나는 영어, 중국어, 그리고 러시아어로 된 서류를 전부 내놓았다. 그러자 사태가 빨리 진정되었다. 나는 이 모든 과정을 좀 더 인내심을 가지고 대하지 못한 것이 후회되었다. 다음 날 한 러시아인이 자기 책들을 가져와 보여 주었는데, 수년 동안 숨겨왔던 귀중한 유품이라고 했다. 그 가운데 러시아어 쪽 성경이 많아 매우 기뻤다. 그것들이 남아 있어서 정말로 좋았다.

그곳에서도 계속해서 몽골령 신시후까지 여행을 계속했다.

한 몽골인이 아침 일찍 수박 두 통을 선물로 들고 나를 찾아와서 몽골어 책을 가지고 싶어 했다. 오늘 왕자에게 엽서를 보냈더니 답장을 보내왔다. 이름이 파야에르인데 중국 왕자는 그를 '파'라고 불렀다.

그는 후에 토토케에 와서 말하기를 그곳까지 100여km를 오는 동안 사람은 거의 만나지 못했고 집도 겨우 두세 채 있을 뿐이라고 했다.

때때로 길은 키 큰 버드나무 터널로, 또는 사막 포플러 숲으로 이어졌다. 키 큰 버드나무에는 모기들이 득실댔기 때문에 어두워지기 전에 숙소에 닿으려고 빨리 걸어갔다. 버드나무 터널을 지나는데 움푹 패인 깊은 공수로(公水路)가 있었다. 다른 길이 없어서 얼마나 깊은지도 모르는 채 물속으로 들어갔는데 점차로 물살이 거세어지는 것이었다. 강바닥이 고르지 않았기 때문에 노새 한 마리가 깊은 웅덩이에 발부리가 걸려 넘어졌다. 나는 물속으로 들어가 우여곡절 끝에 노새와 수레를 다시 바로 세울 수 있었다. 모기들은 정말로 지독했다. 손으로 수레를 바로 세우는 동안 모기들은 집중적으로 내 얼굴에 달려들었다. 마치 얼굴이 불에 타는 듯한 느낌이었다. 오늘 나는 난생 처음 달을 주신 하나님께 감사했다. 도착해서 무사히 모기장 안에 있게 되어 기뻤다.

다음 여행 일정은 모래 언덕을 넘어 샌드 폰테인으로 가는 여정으로 매우 힘이 들었다.

마지막 이틀은 태양이 매우 뜨거웠다. 함께 갈 팀을 구하기 위해서 모래 언덕을 넘는데 엄청나게 먼 길을 걸어가야 했다. 오늘 너무 피곤해서 수레에 앉지도 못했고 심지어 누울 수도 없었다. 그리고 물병도 잃어버려 목이 마르고 입이 바짝 타들어갔다. 설탕 덩어리를 빨아서 입을 좀 축이려고 했지만 설탕이 입에서 잘 녹지 않았다. 이 건조한 모래사막을 다 지나서 친후오 팅에 도착하자 나무들과 흐르는 시냇물이 있어서 매우 기뻤다.

일기는 다음과 같이 계속된다.

며칠간 몸이 좋지 않아 한 무슬림이 주는 우유밖에 목에 넘기지 못했다.

며칠 후의 일기는 다음과 같다.

오늘은 몸이 훨씬 좋아져서 도시와 마을 외곽에 있는 시장에서도 설교를 했다. 그런데 한 텐진 남자가 대적하였다. 천산의 북쪽 지역에는 이런 텐진 사업가들이 많았다. 그들 중 몇 명은 의화 단원으로 기독교와 천주교가 텐진을 두고 어떻게 지역다툼을 했는지를 알고 있었다. 그들 대부분은 "짜이-리"라고 불리는 집단에 소속되어 있었는데, 그 집단은 회원들에게 아편이나 담배를 피우지 않고 술도 마시지 못하도록 했다. 그렇지만 그들은 대부분 싸움과 도박에 뛰어났고 부도덕했다. 오늘 나는 이전에 오랫동안 데리고 있었던 투르키 하인 제이콥을 만났다. 그는 아이리에 가고 싶어 했고 나도 몸이 좋지 않았기 때문에 함께 가자고 했다.

그러나 새로운 안내인은 그다지 의지가 되지 않았다. 헌터는 다음과 같이 쓰고 있다.

> 나는 제이콥이 친후오팅 강을 잘 건널 수 있도록 안내해 줄 것으로 믿었다. 그러나 얼마 가지 않아 제이콥과 노새 둘 다 강바닥의 깊은 곳에 빠져버렸다. 나는 그에게 물살을 따라 천천히 걸어 나오라고 소리쳤다. 노새가 그러한 물의 무게를 거슬러 수레를 끄는 것이 불가능했기 때문이었다. 그 때 그가 너무 빨리 건너려고 하는 바람에 수레가 중류에서 뒤집혔다. 순식간에 모든 것이 강에 떠내려갈 것 같았다. 나는 급히 물에 뛰어들어 수레를 바로 잡고 노새를 물살에 맞춰 서서히 끌었다. 정말로 물살이 엄청났다. 제이콥은 우리가 그 어려운 순간을 아주 잘 빠져나온 것에 놀라워했다. 우리는 토호옌으로 이어지는 키 큰 버드나무 길을 십리 이상 지나가며 그곳에서 이불을 말렸다.

며칠이 지나 그들은 시타이에 도착했는데, 그곳은 북쪽과 남쪽의 산들이 만나는 계곡으로 유명했고 강도가 많은 것으로도 유명했다.

> 해 질 무렵, 말을 탄 남자 한 명이 계곡에서 달려 나와 우리 앞에 있는 험준한 언덕 위에 섰다. 틀림없이 강도 같았다. 얼마동안 우리를 쳐다보다가 다시 돌아가더니 얼마 지나지 않아 또 다른 사람을 말 뒤에

태우고 다시 나타났다. 날은 어두워지고 있었고 우리는 협곡 사이를 빠져 나오는 중이었다. 제이콥이 함께 있는 것이 고마웠다. 강도들과 맞서는데 도움이 되어서가 아니라 나와 함께 있다는 것만으로도 고마웠다. 그 남자들은 멀리서 우리를 주목해서 바라보았지만 우리는 완전히 어두워지기 전에 가까스로 그 협곡을 빠져나와 약간 내리막으로 이어지는 안전한 길로 들어섰다. 거기서는 노새들도 잘 걸어갔기 때문에 우리는 곧 한적한 산을 뒤로하고 그 사악하게 생긴 사람들로부터 벗어났다. 마을에 도착했을 때는 날이 꽤 어두워져 있었고 여관은 수레와 여행객들로 붐볐다. 내가 산에서 본 사람들에 대해서 이야기하고 싶어 하자 마침 거리에 있던 한 남자가 직접 군부대가 있는 곳으로 안내해 주었다. 우리는 문을 두드리며 중요한 일을 보고할 것이 있으니 문을 열어달라고 했다. 그들은 거부하며 대신 경비견을 우리 앞에 세웠다. 내 수행원이 나를 지키지 못하여 팔을 심하게 물렸다. 그 군인들은 무슨 일이 일어나고 있는지 알면서도 개를 말리지 않았다. 동행인의 도움이 없었더라면 나는 아마 그 사나운 짐승 때문에 조각조각 찢겨나갔을 것이었다. 얼마 후, 이따금씩 물결 부서지는 소리가 들리는 호숫가에서 한 여관을 발견했다. 그곳은 바다와 접해 있는 고향 집의 해변을 상기시켜주었다. 하지만 오늘 나는 몸이 피곤하고, 팔은 개에 물려 쓰라리며 마음도 편치 않다. 나의 기도가 멀리 호숫가에서 들려오는 파도소리와 온전히 조화를 이루지 못하여 '하늘과 땅과 바다의 주님'을 충분히 찬양하지 못할까 두렵다.

북부 초원 사람

CHAPTER Nine 9장

    1911년과 1912년을 이어주는 겨울은 중국이 쑨원의 지휘 아래 만주 왕조를 뒤엎고 공화국이 된 격변의 시기였다. 이 사건은 멀리 신장에도 영향을 미쳤는데, 정치적인 위기가 발생했을 때 헌터는 사우스 로드에 있었고 카슈가르를 두 번째 방문 중이었다. 그는 상하이로 보낸 편지에 그 시기의 사건들을 언급하고 있다.

    "카슈가르에 머무는 동안, 수많은 경고를 들었습니다. 하루는 러시아 영사인 소코프씨가 아침 일찍 우리에게 소식을 전했는데 성문은 닫혔고 '도박꾼'과 '깡패'들과 연관된 좋지 않은 무리들이 관아에 몰려와 타오타이(淘汰, 중국의 지방 관리-역주)들을 죽이고 있다고 했습니다.

    그것은 사실이었습니다. 얼마 후에 도시에 들어섰는데 모든 공화당 깃발이 내려지고 인도와 러시아 상인들의 토지에 러시아와 영국 국기만 펄럭이고 있었습니다. 학살자들이 군대를 조직하여 도시 전체를 장악하고 있는 것 같았습니다. 잠시 후에 나는 악쑤의 장관으로 있던 내 친구 왕 선생과 악쑤의 타오타이들이 모두 학살을 당했다는 소식을

> 들었습니다.
> 카슈가르의 장관이었던 창 선생도 살해당했습니다. 바르쿨 시장과 군대 장관도 마찬가지로 목숨을 잃었습니다. 이러한 대학살이 계속되는 동안 영국 대사관은 중국인들과 다른 이들이 숨는 피난성이 되었습니다."

메카트니 여사는 「중국 투르키스탄의 영국 숙녀」라는 책에서 그 위험했던 1911년에 자기 집에 손님으로 왔던 젊은 시절의 헌터에 관해서 언급하고 있다. 만주 왕조의 몰락과 함께 그들이 정복민에게 강요했던 변발(땋아 내린 머리)은 사라졌다. 계속 변발을 하면 공화당원들이 성문에서 칼로 머리카락을 잘랐다. 메카트니 여사는 책에 다음과 같이 쓰고 있다.

"헌터씨는 꽁지머리를 기르고 중국인처럼 옷을 입고 다녔다. 나의 남편은 계속해서 그 꽁지머리를 자르고 유럽인처럼 옷을 입어야 한다고 주장했다. 그렇게 하지 않으면 중국인으로 오인 받아 살해를 당할 수도 있었기 때문이었다. 헌터씨는 몸집이 크고 키도 커서 남편의 옷 중에는 그에게 맞는 것이 하나도 없었다. 그래서 우리는 호그버그씨에게 그의 양복 한 벌과 모자 하나를 보내면서 똑같이 만들어달라고 부탁했다. 그렇게 해서 우리는 헌터씨를 그의 원래 모습인, 멋진 스코틀랜드 신사로 바꾸어 놓았다."

조지헌터는 계속해서 이렇게 일기를 쓰고 있다.

    내가 카슈가르에 머무는 동안 스웨덴 선교사들은 나에게 자기네가 있는 곳에 와서 중국인 사역을 도와달라고 편지를 보냈다. 그곳에 도착하자마자 이전에도 가끔 몸이 좋지 않았던 나의 하인이 심하게 병이 들어 며칠 뒤에 죽었다. 나는 이 사건으로 정말로 많은 것을 배웠다. 그는 나와 함께 몇 년 동안 힘들고 어려운 여행을 하면서 보냈다. 그는 세례 받지 않았지만, 우리는 함께 여행하면서 매일 성경을 읽고 함께 기도했다. 그리고 그는 아플 때 중국어 성경을 읽었다. 나는 그 중국인 '소년'을 이렇게 멀리 떨어진 곳에 묻게 되어 매우 슬펐다. 야르간트에 머무는 동안 스웨덴 선교사들의 배려 속에서 나는 투르키어 공부를 계속했고 일요일마다 중국인들에게 설교했다.

    일요일마다 많은 투르키 무슬림들이 예배를 드리러 왔다. 그것은 아주 인상적인 장면이었다. 스웨덴 선교사들은 투르키 서적을 인쇄할 수 있는 인쇄기를 가지고 있었고, 몇몇 이슬람교 소책자는 내가 우루무치로 돌아갈 때 크게 도움이 되었다. 카슈가르에서는 러시아와 중국군인들 사이에 많은 마찰이 있었다. 실제로 한 두 건의 마찰은 내전으로 진행될 뻔했다. 하루는 러시아 군인들이 중국인들이 서류를 태웠다고 오해하여 성문을 폭파하였다.

    9월에 나는 카슈가르를 떠나 우루무치로 돌아갔다. 첫 날 잤던 여관 주인 부부는 서로 다투고 있었다. 여위고 슬픈 얼굴을 하고 있는 것으로 보아 그러한 행태가 오래되었음을 알 수 있었다. 그들에게는 희망도 없고 기쁨이나 평안도 없었다. 그래서 나는 우리 주님에 관해서 이야기 해야겠다고 생각했다. 그 노인은 다른 무슬림들처럼 예수가 다시 온다는 것은 인정했다. 그래서 나는 그들에게 투르키어로 '예수님은 다시 오시네'라는 노래를 불러주었다. 그 노부부는 이 노래를 이교도가 부르는 것에 놀란 듯 했다. 그들은 매우 감동을 받았다. 부인은 한숨을 쉬며 말했다. "오 하나님 우리가 무엇을 해야 합니까?"

나는 마자르에서 항상 환대를 받았다. 소책자도 나눠주고 이곳 사람들과 이야기도 나누었다. 그러면서 '추수의 때는 어떠할까?' 라는 질문을 해보지 않을 수가 없었다. 이 사람들은 그들이 교육받아온 대로 모하메드를 믿으면서 죽을까? 아니면 그들 중 몇몇은 그리스도를 믿게 될까?

나는 야쿠둑을 향해 가면서 책도 팔고 도중에 설교도 했다. 사람들은 매우 친근하고 친절했다. 그러나 시장에서 소책자들을 팔려고 하자 물라 몇이 나에게 매우 무례하게 굴었다. 악쑤를 떠나올 때 수레 축이 부서져서 잠으로 가는 도중에 있는 작은 마을에 머물러야만 했다. 비기르에서 꽤 수줍어하는 젊은 투르키 청년 하나가 여관으로 나를 따라왔다. 처음에는 몰랐는데 그 청년은 내가 시장에서 설교했던 그 책을 사고 싶어 했다. 그는 탕자 이야기가 있는 책을 원했다.

나는 다음으로 쿠얼러(중국 신장 위구르 자치구 중앙부에 있는 도시-역주)를 방문했다. 이곳에 중국인 무슬림 한 명이 복음을 아주 잘 알고 있었는데, 나에게 항상 매우 친절했다. 아마도 몰래 믿는 사람 같았다. 바람이 심한 날이어서 여행하기가 힘이 들었다. 수레바퀴를 교체

하는 동안 바람이 불어서 수행하는 소년의 투르키 전통모자가 날아갔다. 모자가 땅에 굴러가자 노루처럼 그것을 쫓아 달려가다가 구름 위로 날아가 버리자 그만 포기했다.

나는 수레가 훨씬 더 염려 되었다. 내가 고삐를 잡기 전까지 노새들이 출발하지 않기를 빌었다. 왜냐하면 수레까지 바람에 날려 가면 너무 큰일이기 때문이었다. 그런데 그 소년은 나에게 모자의 가격을 이야기하며 그 일에 더 신경을 쓰고 있었다. 많은 어려움 끝에 우리는 가까스로 돌아와 다시 길을 떠났다. 바람을 막아 주려고 내가 노새들 앞에서 수레를 끌었다. 수레에 덮개가 없어서 끌기가 쉬웠다. 다음날도 바람이 여전히 강하고 추워서 거의 문 밖에 나가지 못했다.

이 뒤숭숭한 지역에서 편지를 배달하는 것은 위험한 일이었다. 우리 우편배달부 중 두 명이 최근에 살해를 당했고 또 다른 사람들은 심하게 상처를 입었다. 그들은 가장 까다로운 지역을 통과해야 했고 날씨에 관계없이 밤새도록 사막을 건너야 했으므로 계속 위험에 노출되어 있었다.

오는 길에 나는 우리 집주인의 가게가 완전히 타버렸고 우리 집도 거의 다 타버렸다는 소식을 들었다. 집에 와보니 사실이었다. 우리 서점의 간판과 예배당은 까맣게 탔고 길 건너편의 건물도 완전히 타버렸다. 시계를 만드는 일을 하는 친절한 투르키 무슬림 한 명이 작은 물 호스를 사용해서 우리 집을 구해냈다. 불은 자정쯤에 길 건너편에서 시작되었는데 강한 바람이 우리 집 쪽으로 불어서 이웃한 가게 앞의 간판들이 다 불에 탔고 우리 집도 곧 불길에 휩싸일 것으로 보였다고 한다.

그런데 이웃들이 보니 이상하게도 바람이 갑자기 방향을 바꾸어 반대쪽으로 불기 시작했다는 것이다. 모든 사람이 우리 집이 다 타버리지 않도록 하나님께서 구해주셨다는 것을 인정했다. 우루무치에 있을 때 하나님은 화재로 집이 타지 않도록 두 번이나 보호해 주셨다.

불교 순례자

우루무치 외곽에 흐르는 온천수

CHAPTER Ten 10장

　조지 헌터는 이 평온했던 몇 년 동안 서양의 관심사와는 완전히 초연한 삶을 살았다. 그는 천성적으로 말이 별로 없고 원래 인생의 깊은 것들을 다른 사람과 나누지 못하는 사람이었다. 더구나 이제는 자기에게 가장 중요한 신앙 문제를 그저 간혹 가다 생기는 이상한 호기심 또는 심지어 가벼운 농담 정도로 여기는 사람들에게 둘러싸여서 살고 있었다. 그가 드리는 기도는 하나님을 향한 외로운 봉헌이었고, 그가 부르는 찬송은 함께 부를 이가 없는 혼자만의 찬양이었다. 기뻐도 혼자였고, 실망할 때에도 그 고통을 함께 나눌 동료가 한 사람도 없었다. 거의 10년 동안 이러한 내면의 고독을 안고 지금까지 혼자 살아온 그는 동료의 필요성도 거의 느끼지 못하고 있었다. 사실 그가 이렇게 생각하게 된 주된 이유는 그곳에서 만났던 서양인들 가운데 이제는 완전히 적응된 그의 생활을 공유하기에 적합한 사람이 한 명도 없었고, 현지인들과 우정을 쌓는다는 것도 그에게는 결코 일어나지 않을 일이었기 때문이었다. 동료로서 헌터가 바라는 사람은 중국 내지 선교회와 그 원칙을 충성스럽게 지키면서도 그 조직과 전통에서는 분리되어 투르키스탄과 그곳의 사역을 선교회의 통제 아래 두지 않는 사람이었을지도 모른다. 그에게 반드시 필요한 행동의 자율과 자유를 뺏으려 하거나 만약 그를 통제하려고 한다면, 아마도 그는 조용히 말에 올라 몇 달간 종적을 감추었을 것이다. 사도의 사명인 '오직 한 가지 일(This one thing I do)'을 위하여 달려가기에 적합한 사람이 과연 있을지 스스로에게 물어보았다. 만약 그런 사람이 있다면, 헌터는 아직 그를 만나지 못한 것이다.

이것은 조지 헌터 자신의 생각이었지만, 사람이 독처하는 것이 좋지 않다고 하신 하나님은 이런 독특한 요구에 부합되는 동료 사역자를 신기한 방법으로 이미 준비하고 계셨다. 몇 년 전에 랭카셔(Lancashire)의 플릿우드(Fleetwood)를 떠나온 한 젊은이가 중국의 중앙에 위치한 안휘 성의 마을을 다니면서 설교를 하고 있었다. 하나님께서는 이동해 다니는 그에게 말씀하시고 미지의 미래를 위해서 그의 마음을 준비시키시고 계셨다. 순회 설교를 하는 사이에 선교관에서 잠깐 시간을 보내는 동안 그는 주간 기도 모임 시간에 한 개척 선교사가 중국의 투르키스탄에서 겪은 매우 진기한 경험들을 기록한 일기의 내용을 듣게 되었다. 그 개척 선교사의 이름은 조지 헌터였고 그 젊은이는 퍼시 매더(Percy

Mather)였다. 마침내 주목할 만한 두 선교사의 이름이 이어지는 순간이었다. 동시에 그 젊은이는 롤랜드 알렌(Roland Allen)이 쓴 「선교 방법들 : 바울의 것인가 아니면 우리의 것인가?(Missionary Methods, Paul's or Ours?)」라는 기념비적인 책에 매료되었다. 하나님께서는 이 책으로 그의 관심과 생각을 완전히 사로잡으셨고, 그의 선교에 대한 관점에 혁명적인 변화를 일으키셨다. 그 책을 읽은 그날 이후 그는 중국인들이 선교사를 부르는 '목사'와 같은 말로 자신을 부르지 못하게 했다. 그때부터 그는 그저 단순하고 간단하게 '매더씨'가 되었다. 추가적인 호칭이 필요 없었다. 그 어떤 것도 그로 하여금 기존의 사역 방법들로 다시 돌아가게 하지 못하게 하리라고 결심했다. 그는 어디에 있든지 그리스도를 전파하는 일에만 온전히 헌신하고 선교지의 관행이 굳어져 만들어진 전례에는 구애받지 않았다. 퍼시는 이미 더 이상 신참 사역자가 아니었고, 중국 생활에 충분한 경험을 가지고 있었으며, 선교사와 중국인 개종자 사이에 무엇이 진실하고 옳은 관계인지를 독자적으로 판단할 수 있는 충분한 언어 구사 능력도 지니고 있었다. 이 후에 사람들은 그가 이렇게 하는 말을 얼마나 자주 들었는지 모른다.

"왜 개종자들을 과도하게 돌보는 겁니까? 그들도 우리와 똑같은 주님을 믿고, 같은 성경을 가지고 있으며, 같은 성령님을 의지

합니다. 우리가 영적 성장을 위해서 그것들에 의존해야 했듯이 그들도 똑같이 해야 합니다."

먼 곳에 있는 그 개척자, 조지 헌터가 쓴 편지와 저널들은 그의 상상력을 사로잡았고 서서히 그는 이것이 하나님께서 그를 부르고 계시는 사역의 영역이라는 확신을 가지게 되었다. 그가 지도를 살펴보니 중국의 투르키스탄 중국 밖에서는 바로 그 아시아의 중심이었다. 고립과 고난의 측면들은 전혀 두렵지 않았다. 그러나 그것은 경솔하게 결정을 내릴 일이 아니어서 상당 기간 동안 인도하심을 구하는 기도를 드렸다. 오랫동안 진지하게 생각한 끝에 조지 헌터에게 편지를 보냈다. 자신이 그 먼 지역으로 부르심을 받은 것으로 느끼고 있으며 홀로 감당하고 있는 힘든 개척 사역의 동료로서 자신을 받아바주기 바란다고 썼다.

신중한 스코틀랜드인인 조지 헌터는 그 제안을 읽고 이 열정적인 젊은이는 아마도 모험의 매력에 과도하게 도취된 것이 분명하다고 상상했다. 그래서 처음에는 아주 낙담이 되는 반응을 보였다. 만약 이 젊은이가 그의 사역에 동참했다가 그에게 요구되는 가정과 가족의 휴식도 누릴 수 없는 가혹한 고난과 힘든 삶의 여건들을 알게 된다면 얼마나 큰 불행이겠는가. 조지 헌터는 무슨 일이 발생할지를 너무나 잘 알고 있었다. 그러한 상황의 삶에서는 여자가 있을 곳은 없었다. 만약 결혼한 선교사 부부가 우루무치에 살러 온다면 그것은 자연적으로 그의 관심 밖의 일이 될 것이었다. 그는 자리에 앉아서 그 누군지 모르는 젊은이에게 직설적이고 정직하게 편지를 썼다. 투르키스탄에서의 삶은 매우 혹독하고, 정상적인 식량 공급도 기대할 수 없을뿐더러 종종 생명 자체가 위험에 처하는 일이 있으므로 독신으로 살아야한다. 그러므로 그 젊은이 자신은 환영하겠지만 확실히 결혼에 대한 생각은 접어야한다고 경고했다. 퍼시 매더는 이 조건들을 직시하고 분명한 결정을 내렸다. 놀랍게도 그는 심지어 결혼에 관한 문제에도 아무런 이의를 달지 않았다. 그런 다음에 중국 내지 선교회 본부에 투르키스탄으로 이동을 요청하는 글을 썼다. 두 사람이 만나기 전 주어진 기간 동안 조지 헌터는 종종 자신이 그 제안을 고려해 본 것 자체가 과연 잘한 것인지, 아니면 한동안은 잘 해나가다가 결국 오랜 고립 생활로 인하여 극도로 긴장하게 될 젊은 동료를 그냥 바로 낙담시키는 것이 더 현명하지 않았을까 하며 스스로에게 질문해보곤 했다. 그 경우에 그의 모든 희생과 금욕생활이 쓸모없게 되어 버릴 것이었다.

1914년 초여름, 신장의 개척 선교사는 퍼시 매더를 만나기 위해서 남쪽으로 갔다. 한편 퍼시는 그의 수행원인 아서 무어와 함께 긴 여정의 막바지인 만리장성 입구까지 왔다. 그곳에서 고비사막으로 들어가는데 그러면 그들은 곧 만나서 서로의 첫 인상을 보며 장래가 행복할 것인지 많은 부분을 가늠하게 될 것이었다. 마침내 그 날이 왔다. 서로 상대방의 얼굴을 바라보고 손을 잡는 순간, 모든 두려움은 사라졌다. 진실함과 온전한 상호간의 존경과 신뢰에 기초하여 두 사람 사이의 특이하고 아름다운 관계가 세워졌다. 그 시간 이후로 단 한 번도 결코 상대방을 무시하는 일이 없었다. 비록 의견이 일치하지 않을 때는 가끔 있었지만 어느 누구도 그들 사이에 끼어들 수 없었다. 중국 내지 선교회의 선교사 전통으로 자리 잡은 까다로운 엄격함은 과거 시대에 속한 것이었다. 그럼에도 그들은 바로 그 엄격한 전통을 지키며 수 년 간을 친밀하고 가까운 동료로서 고난을 함께 나누었다. 아버지와 아들과의 관계에 비견될 만큼의 애정을 가지고 있음에도 불구하고 끝까지 서로에 대한 호칭을 공적으로 '미스터' 헌터와 '미스터' 매더로 불렀다.

이제 그 젊은이에게 중앙아시아 부족들을 소개하는 것은 조지 헌터의 몫이었다. 매더는 그를 데리고 자기가 몽고족, 티벳족, 투르크족, 러시아인, 찬토스족, 하사스족, 인도인들, 그리고 만주족을 만났던 곳을 여행했다. 날이 갈수록 헌터는 퍼시에 대해서 온전히 만족하였다. 그는 절대로 마음에 들지 않는 요구를 하지 않는 동료여서 그와 같은 보물을 선물로 받은 것에 헌터는 기뻐했다. 퍼시 매더는 지난 날 중국에서 지냈던 경험을 돌아보며 비슷

한 경험을 가진 사람들만이 이해할 수 있는 은혜의 풍성함에 대해서 이렇게 썼다.

"진실로 하나님께서는 나를 안휘에서 뽑아 이곳에 옮겨 심으셨다."

두 사람 모두 여러 번 그들의 동역과 관련하여 이렇게 말했다.

퍼시 매더

"기적을 행하시는 주를 찬양할지로다."

다음 해에 그들은 헌터가 우루무치의 변화가에 힘들게 얻은 조그만 땅에 집을 짓는 것에 대해 서로 의논했다. 계속해서 이야기를 나눈 결과 그들은 각자가 자기 개인의 삶을 살 수 있고, 손님을 접대하고, 자신이 원할 때에 여가 시간을 가질 수 있는 집을 짓는 것이 좋겠다고 결정했다. 몇 년 후에 한 투르키인 현자는 그들이 그 집을 어떤 방식으로 지었는지를 이렇게 설명하고 있었다.

"그 성가신 노인은 모든 것을 자기 방식으로 해나갔고, 그 젊은이는 그의 방식을 따라야만 했다. 그들은 이른 아침부터 밤늦게까지 고용한 두세 명의 투르키 석공들과 진흙 벽돌을 만들고, 시멘트를 섞으며 함께 일했다."

마침내 방이 셋인 집 두 채가 나란히 세워졌다. 그 집은 흙으로 빚어 구운 벽돌로 지었고, 내부는 백색 도료를 발랐다. 그리고 두 사람이 특별히 자부심을 가지고 만든 부분이 있었는데, 그것은 창문의 중앙을 이곳에서 흔히 하는 것처럼 종이로 덮지 않고 작은 유리 접시를 꼭 맞춰 끼웠다. 사실 그것은 매더가 사진 현상용으로 사용하려고 현지 사진사에게서 구입한 접시였다.

CHAPTER Eleven 11장

　조지 헌터는 단순하고 신중하며 겸손한 사람이었고 모든 종류의 체험적 지식이 풍부했다. 지식인들은 그를 존경했고, 세계적으로 저명한 사람들도 이 수수한 개척 선교사로부터 배울 것이 많다고 인정했다. 헌터에게는 서양에서 이 먼 곳까지 오게 한 사명이 그 어떤 것보다 더 중요했기 때문에 있는 힘을 다해서 그 임무를 완수하려고 했다.

　우루무치를 가로지르는 교역로는 여러 방향으로 이어져 있었다. 북서쪽 대로는 추구착에서 시베리아로 넘어가는 길이었지만, 한 지류는 이르티쉬강을 건너 몽골 외곽지역으로 이어지는 타르바가타이를 통과하여 동쪽으로 나있었다. 알타이 산맥으로 가는 이 여행길에서는 강인한 북 몽골인들의 삶의 모습을 엿볼 수 있었는데 그것은 아주 흔하지 않은 기회였다. 대로에서 가지처럼 뻗어 나온 또 다른 지류는 서쪽의 비옥한 오아시스인 굴짜와 알마아타로 이어졌다. 그는 이미 남쪽의 교역로는 꽤 익숙해지고 있었지만, 바르쿨 사막의 신비로움을 보고 그 사막을 건너 이 아름다운 눈으로 덮인 산꼭대기 저편에 무엇이 있는지 보고 싶었다. 그는 이미 카슈가르로는 한 번 가보았지만, 남쪽으로 더 멀리 놓여있는 롭 지역도 역시 반드시 통과해 보고 싶었다. 그는 여행 길에 정말로 필요한 것 외에는 아무것도 가지고 다니지 않았다. 결코 카메라나 타자기를 가지고 다닌 적이 없다. 여행 일지는 구식으로 끼워진 마분지 책의 얇은 종이 위에 만년필로 썼다. 그는 뛰어난 언어적 재능이 없어서 교역로의 많은 언어들을 마스터하려고 하지는 않았지만, 가능한 한 많은 언어를 이해하려고 노력했다.

그는 신장에 갈 때 중국어 밖에 몰랐다. 카슈가르에 처음 머물렀을 때 투르키 언어를 배우기 시작했다. 유목민들 사이에 살면서 몽골어와 카작어를 배울 수 있었지만 굴짜와 그 주변의 오아시스에서는 그들이 하는 말을 알아들을 수 없었다. 그것은 중국어도, 투르키어도, 몽골어도 아니고 시베리아 국경에 있는 부족 언어인 타타르 방언도 아니었으며 그곳 주변에 사는 부랴트족(시베리아 동부의 몽고족-역주)의 언어도 그것과는 달랐다. 그 언어를 들으면서 더욱 흥미가 생겼는데 알아보니 바로 만주어였다. 그 언어는 만주 지역에서 사용되는 공용어이었을 뿐 아니라 만주족 황제 건륭제(A.D 1736)의 지휘 아래 싸웠던 기마 부대들이 이곳 매우 비옥한 오아시스에 정착하여 사용하는 언어였다. 그 후손들이 예전의 말과 옛 관습을 여전히 유지해오고 있는 것이었다.

복음을 들을 기회가 거의 없는 이러한 이국적인 부족들 사이를 다니면서, 조지 헌터는 복음서의 모든 사건들을 카작어로 번역하는 것이 중요하겠다고 생각했다. 그런데 그 일은 너무 어려워서 막상 그 작업에 착수하려면 우선 지금보다 훨씬 더 철저한 언어적 지식이 필요했다. 그는 카작어를 하는 한 러시아인이 복음서의 번역을 시도한 적이 있었다고 하여 복사본을 찾아보았지만 그 흔적을 찾을 수가 없었다. 그는 그 카작어 복음서가 그의 손에 들어올 수 있도록 인내와 믿음을 가지고 온 마음을 다해 하나님께 기도하였다. 몇 년 후에야 우연히 그토록 갈망하던 책이 조지 헌터의 손에 들어오게 되었다.

교역로를 다니면서 여느 때처럼 시장에 모인 사람들에게 책을 팔고 있었는데, 한 청년이 다가와 책이 한 권 있는데 읽을 줄 모르니 다른 책과 교환해 줄 수 있는지를 물었다. 헌터는 어떤 동양인 흥정꾼에 비겨도 손색이 없을 정도여서 그저 그 책이 가치가 있는지 없는지를 봐야겠으니 책을 가져와보라고 했다. 그 남자는 다시 돌아와서 러시아 글자로 쓰인 바로 그 카작어 복음서를 보여 주었다. 선교사는 그것을 찾아 너무나 기뻤다. 그러나 그 영리한 에버딘 사람이 자신의 만족감을 들키지 않고 숨기자, 책을 들고 온 그 남자는 여전히 헌터가 흥정권을 쥐고 있다고 생각했다. 이제 마침내 헌터는 그가 그토록 유목민들에게 나누어 주고 싶어 했던 복음서를 제작할 수 있게 되었다. 그 책이 지식의 원천을 열 열쇠가 되어 줄 것이었다. 청년도 기뻐하며 집으로 돌아갔다.

그는 새로운 열정에 부풀어서 집에 돌아왔다. 이제부터 그와 퍼시 매더의 앞에는 중앙아시아에 있는 모든 부족의 손에 자기 말로 번역된 성경을 전해주려는 긴급한 임무가 새로이 생겨났다. 퍼시 매더는 이미 칼묵 방언을 잘 배우고 있었고 조지 헌터는 신속히 능력 있는 물라에게 도움을 청해서 복음서의 이야기를 카작 사람들의 글로 번역한 본문을 손으로 써 달라고 했다. 그들은 이제 그 어느 때보다도 더 열심히 작업했는데 여름 내내 힘든 여행을 하며 그들이 만나게 될 모든 사람들에게 성경을 전해주기 위해서 그 길고 어두운 겨울밤을 온전히 번역 작업에 쏟아 부었다.

한편 런던 퀸 빅토리아 가의 영국 성서 공회 주소가 적힌 편지 한 통이 아시아를 넘어 그 길을 재촉해가고 있었다. 만약 이용 가능한 만주어 성경 소책자를 가지고 있다면 우루무치로 보내달라는 요청이 담긴 편지였다. 성서 공회는 선교사들의 아주 좋은 친구였다. 그들은 지체 없이 책자들을 포장하여 요청대로 우루무치로 보냈다. 그 포장 안에는 성서 공회가 다시 쓸 일이 있을 것이라고는 생각지도 못한 만주어 성경들이 들어있었다. 만주 지역에서는 더 이상 필요가 없었지만, 신장 지역의 북쪽 오아시스에서 다시금 쓰이게 된 것이었다. 눈이 녹고 다음 여행 시즌이 돌아왔을 때 조지 헌터는 그 어느 때보다도 많은 소책자들로 든든히 무장을 하고 북쪽으로 여행을 시작했다. 만주인들과 카작인들 모두가 그 책을 열정적으로 받았고 그들은 역사상 처음으로 자기들을 향한 하나님의 개인적인 메시지를 이해하게 되었다.

CHAPTER Twelve 12장

　'번역가'라는 단어는 그 말을 듣는 사람으로 하여금 다양한 그림들을 떠올리게 하지만 아마도 가장 일반적인 것은 오크 벽으로 된 아름다운 서재에 앉아있는 학자의 그림일 것이다. 그의 주변에는 값비싼 책들을 가득 꽂아 둔 선반들이 있고 압지, 잉크스탠드, 그리고 작가의 편의를 위한 모든 것이 구비된 큰 오크 책상이 방의 중간에 놓여있다. 큰 의자가 있고 책상 위에는 작가가 그의 복잡하고 힘든 작업을 할 수 있도록 최적으로 불을 밝혀 주는 아름다운 독서등이 조심스럽게 드리워져 있다. 게다가 이 상상 속의 장면은 주석과 사전들의 페이지를 넘기기 위해 준비하고 있는 조수와 어떤 때라도 작가가 필요로 하는 모든 정보를 제공하기 위해 준비 된 하인의 모습도 포함하고 있다. 이 번역가가 쓰는 모든 것은 조심스럽게 타이핑되고 기록되며, 그가 작업하는 시간 동안 그에게는 어떠한 방해도 허락되지 않는다. 그가 마침내 작업하던 장을 끝마치고 그 힘든 작업이 이제 거의 완성되어 간다고 말하는 순간 모든 세계가 곧 그가 해왔던 것의 혜택을 누리게 될 것이라며 모든 사람은 기뻐한다.

그러나 멀고 먼 땅 끝에서 사는 사람들에게 '번역가'라는 같은 단어는 꽤 다른 그림을 상기시킨다. 아마도 정글의 빈터에 있는 초가집에서, 북극 지역의 눈을 파서 만든 구덩이에서, 또는 햇볕에 그을린 인도 평야 위에 친 텐트 안에서 작업을 하고 있는 한 남자를 마음속에 떠올릴지도 모른다. 왜냐하면 예수 그리스도의 복음이 다른 새로운 언어로 힘든 번역 작업을 통해 다시 표현되는 것은 이토록 어려운 상황에 이루어지기 때문이다. 중앙아시아 땅의 작은 토담 집 안에 그 자신의 손으로 직접 지은 방안에 한 중년의 남자가 앉아 있다. 그의 작업 책상은 영국 성서 공회에서 성경책을 가득 채워 보내왔던 여행 가방으로, 가방의 앞쪽은 무릎을 집어넣을 수 있도록 잘라냈다. 방 주변에는 거친 나무를 잘라 만든 선반들이 있고 그 위에는 매우 닳아 해졌지만 이 번역가에게는 너무나 귀중한 책들이 꽂혀있다. 그 사람에게는 좋은 조명도 없었는데 당시 등유의 가격이 너무 비싸서 그로서는 사용할 수 없었기 때문이었다. 그래서 불빛이라고는 식물성 기름이 담긴 철제 램프 안에 면으로 꼬아 만든 작은 심지를 띄운 것이 전부였다. 그는 펜치를 가지고 인내심 있게 심지를 잡아 당겨서 불꽃 기둥을 가능한 크게 만들어 글을 쓰는 동안에 종이 위에 빛이 비칠 수 있도록 했다. 그의 옆에는 책이 한 권 놓여 있었는데 오랫동안 소원하다가 손에 넣은 것이어서 아무리 많은 돈을 준다고 해도 다른 사람에게 넘기지 않을 그런 책이었다.

이 번역가는 조지 헌터였다. 물라들은 그가 이 까다로운 책 번역을 준비할 때 그의 조력자와 서예가로서 역할을 했는데 그들은 너무 시간이 오래 걸리고 꼼꼼하게 작업해야 하는 것에 대해 심하게 불평하곤 했다.

헌터의 첫 번역 작품은 중앙아시아에서의 초기 사역 기간에 완성되었다. 그가 살던 무슬림 지역에서는 모든 종교적인 서적들을 손으로 베껴 쓰는 것이 관습이었다. 이 사본들은 손에 넣기가 쉽지 않았지만 헌터는 신장 지역의 투르크인들에게 널리 읽히고 있는 정통 신학 서적 한 권을 구할 수 있었다. 이 책의 제목은 선지자 이야기로 천지창조와 선지자들의 삶을 다룬 71편의 이야기가 있었고 모하메드의 죽음에 대한 설명과 그의 제자들에 관련된 사건들을 서술하는 것으로 끝이 난다. 알렉산더 대왕에 관한 이야기를 길게 다룬 부분이 있는가 하면 또 다른 장에서는 초대 교회의 다양한 이단들에 관해서 다루고 있다. 예수님을 하나님이라는 교파, 아니면 그가 하나님의 아들이라고 하는 교파, 아니면 그가 삼위일체의 아들이라고 주장하는 교파가 있었다. 동정녀 마리아에 관한 짧은 이야기를 쓴 장에는 예수님이 출생 전에 그의 어머니와 자주 이야기를 나누었고 공생애 기간에 수 천 년 전에 죽은 노아의 아들 셈 같은 사람들을 부활시켰다고 적혀 있다. 그 책은 부피가 컸는데 35X25cm 크기에 두께가 10cm, 그리고 무게가 7~10kg 가량 나갔다. 헌터는 이 책을 부분으로 나눠 여러 차례에 걸쳐서 번역했다. 그 작품은 신장의 그 대단한 인구나 그곳 투르키 주민이 사용하는 아름다운 언어에 대해서 조금이라도 알고 있는 사람이 보면 대단히 흥미로워할 색다르고도 재미있는 책이었다. 조악한 종이는 현지에서 나는 재료로 만들었는데 종종 사막 아이리스의 잎을 사용했으며 형태는 일반적인 중국의 책을 만드는 형식을 사용하여 각각의 종이에 한 쪽 면에만 글을 쓰고 뒤로 책장을 넘기도록 하였다. 각 장들은 손재주가 좋은 중국인 장인이 잘 묶어서 깔끔한 책의 모습이 되었다. 조지 헌터는 중고 또는 재중고의 복사기를 사는데 성공했다. 숙련된 서기가 왁스칠이 된 스텐실 종이 위에 투르키어 본문을 베껴 적으면 헌터는 그 아래에 영어 번역을 써넣었다. 각 장마다 따로따로 말렸고 그 흥미로운 작은 책은 만드는데 오랜 시간이 필요했기 때문에 소량으로 발간되어 나갔다. 몇몇 복사본들은 심지어 런던의 대영박물관 근처의 동양전문 서점에서 발견되기도 했다. 클레어 티스달박사는 「무슬림 세계」라는 책에서 이 책에 대한 서평을 이렇게 쓰고 있다.

이 작은 책은 몇 가지 매우 흥미로운 점을 보여준다. 내 앞에 놓여 있는 사본은 복사하거나, 심지어 석판으로 인쇄한 것이 아니라 손으로 써서 만든 것이다. 헌터씨는 서문에서 말하기를 '백장의 복사본을 등사판에서 떼어 낸 후 중국 스타일로 책을 묶는 것이 내가 할 수 있는 최선의 방법이었다. 독자들이여! 조금 읽기 힘들더라도 나와 함께 좀 참고 견뎌주기를 부탁드린다.' 그 결과물은 본래의 재미는 말할 것도 없거니와 호기심을 가질 만한 가치가 있고 역자와 출판자와 편집자가 (이 세 가지 이름은 정확히 조지 헌터에게 해당되는 것이다.) 지구상에서 아주 멀리 떨어진 곳에 사는 무슬림들에게 그리스도의 복음을 더 잘 전하기 위해서 대단한 열정을 쏟아 부었다는 것만으로도 그 가치가 충분한 책이었다.

<올롯 부족의 주술사(무당)>

CHAPTER Thirteen 13장

    퍼시 매더는 도착한 후 처음 몇 달을 그가 이전에 살던 안휘성과는 완전히 다른 사람들과 지역을 익히면서 시간을 보냈다. 중앙아시아의 겨울 추위는 정말로 대단했다. 온도계가 영하40도에서 50도를 넘나들 때면, 이러한 혹독한 환경을 견디고 아늑하게 지낼 수 있으려면 작은집을 지어야 한다던 헌터의 결정이 감사했다. 안마당에는 눈이 2m 이상 높이 쌓여 있었다. 그러한 광경은 처음이었다. 두 남자는 얼어붙은 눈이 만들어낸 벽 사이를 통과해 현관문으로 가기 위해서 눈 속으로 좁은 길을 내야만 했다. 심한 눈보라가 우루무치 평원을 가로질러 몰아쳐 오면 조그마한 토담집의 갈라진 틈과 창틀 사이로 바람이 새어 들어왔고 연초에는 사치스럽게만 보였던 러시아제 벽난로도 이제는 간신히 추위를 견딜 수 있을 정도 밖에 따뜻하지 않았다.

    우루무치는 봄에 녹은 눈과 얼음이 온통 진흙탕이 되어 성문 밖으로 나가는 것 자체가 불가능했다. 몇 주간 뜨거운 태양이 내리쬐고 나서야 도로는 원래의 정상적인 상태로 되돌아간다. 조지 헌터는 이제 이 모든 극한의 기후 패턴을 다 알고 있었기 때문에 집안에 계속 머물러 있으면서 이렇게 말하곤 했다.

"지금은 여행 장비를 정비할 때이지요. 3주 내에 우리는 다시 길을 떠날 겁니다."

그 후에 긴 여정을 시작하면서 퍼시 매더는 중앙아시아의 여행에 관한 모든 것을 완벽하게 마스터한 유일한 서양인으로부터 여행 지식을 배워나갔다. 어떤 때는 남서쪽의 카슈가르 몽골인들에게 가는가 하면 또 어떤 때는 북서쪽의 칼묵인들과 카작인들을 향해 나아갔다. 퍼시 매더는 단숨에 유목민, 그 중에도 특히 몽골인들에게 마음을 빼앗겼다.

조지 헌터의 수행원, 님기르

여행 중에 몽골의 산 부처 왕자가 이 두 선교사에게 칼묵인 소년을 주었다. 님기르라는 이름이었는데 고의로 자신의 부족을 곤란에 빠트린 경력이 있기는 했지만 이 긴 여정 동안 충실한 수행원이자 여행 동반자가 되었다. 그는 유목민이라야 다룰 수 있는 짐승들을 다룰 줄 알았기 때문에 크게 수고를 덜어 주었다.

헌터의 여행일지는 사건들로 가득 차 있는데 아마도 다음과 같은 이야기들이 전형적일 것이다.

매더씨와 나는 러시아 국경 지역에 있는 중국인 마을인 굴짜를 향해 길을 떠났다. 우리는 카작인들과 몽골인들을 가능한 한 많이 만나고 싶었기 때문에 산길을 따라 갔다. 첫째 날 90리 정도 여행하여 토투엔 강의 돌둑 위에서 야영을 했다. 조랑말들의 짐을 내리고 텐트를 치고 음식을 요리하고 짐승들이 먹을 풀을 자르니 날은 어두워졌고 모두 매우 피곤했다. 비 때문에 강물은 홍수처럼 불어났고 진흙탕으로 매우 흐려져서 물에 잠긴 음식을 사용하려고 하니 쌀은 누렇고 차는 진흙 맛이 나는 코코아 같았다.

다음날 마차꾼 두 명이 이런 곳에서 야영을 하고 있는 외국인들이 꽤 흥미가 있어 보였는지 마차를 멈추고 우리에게 말을 걸어 왔다. 자기 집에 글을 읽을 수 있는 사람들이 있다고 하여 우리는 그들에게 중국어 성경과 소책자를 주었다. 이 후에 다른 두 명의 퉁간(이슬람을 믿는 회족-역주)들은 우리가 불어난 강을 건널 수 있도록 가능한 지점을 찾아 주었다. 그래도 여러 번의 시도 끝에야 가까스로 안전하게 강을 건널 수 있었다. 우리는 가이드들에게 요금을 지불하면서 성경책도 주었다. 얼마 가지 않아 창이강의 둑에 도착했는데 물이 불어나서 매우 위험해 보였다. 그러나 낙타 주인은 말을 타고 낙타들이 강을 건너기에 안전한 곳을 고르더니 훌륭하게 안내해 주었다. 후투페 강도 물이 불어 꽤 위험해 보였다. 그러나 역시 이번에도 낙타 주인들이 우리를 안전하게 인도해 주었다.

한 농장에서 우리를 매우 친절하게 맞아 주어 그 곁에서 야영을 하였다. 이곳 강의 이름은 '청수(淸水-깨끗한 물)'이었는데 강물이 이름처럼 깨끗해서 기뻤다. 정말로 깨끗한 눈이 녹은 물을 마실 수 있어서 더욱 기뻤다.

깨끗한 물

다음에는 다양한 인종이 섞여 살고 있는 히시라는 도시로 갔다. 그곳은 세 갈래의 길이 교차하고 있는 중요한 지점이었다. 우리는 도시 외곽 쪽으로 조금 더 나가서 야영을 했는데 많은 사람들이 우리를 방문했다. 하루는 한 남자가 그의 어머니가 시 목사교회의 성도였고 허드슨 테일러가 자기 집을 방문한 적도 있었다고 했다. 그는 연세 드신 그 선교사님이 자기 손을 잡고는 회개하라고 간곡히 권면했다고 했다. 또 다른 날에는 통간을 한 사람 만났는데 대단한 거리를 여행하여 인도와 아라비아까지 다녀왔다는 것이었다. 아라비아어를 잘 알고 있어서 우리는 그에게 아라비아어 성경을 주었다. 며칠 후에 우리는 몽골인들이 지나다니는 습한 늪지 평원에서 야영했다. 몽골인 몇명이 우리 캠프를 방문했고 카작인들은 친절하게도 우유를 가져다주기도 했다. 이 지역은 인망 있는 몽골 왕자 비이어에게 속한 지역으로 그는 일본에서 교육을 받고 현재는 베이징에 머무르고 있었다.

며칠 후에 토토라는 곳에 도착했다. 이곳은 여름에 굴짜로 갈 때 말파리와 모기 때문에 아주 힘든 지역이었다. 말파리들은 해질녘에 잠잠해지기 시작하지만 모기 떼들은 엄청난 수가 총력으로 모여들어서 사람이든 짐승이든 밤낮으로 쉴 수가 없었다. 뜨거운 모래사막이 시작되는 곳까지 왔지만 야영하기가 불가능했다. 그래서 더위가 가라앉고 말파리들의 맹위가 사그라지는 저녁이 될 때까지 기다렸다가 다시 길을 떠났다. 그런데 얼마 가지 않아서 완전히 탈진이 되어 목말라 죽어가는 노인을 만났다. 동료 여행객이 물 호리병을 그 노인의 입술에 대어주니 정신없이 헐떡거리며 그 물을 들이켰다. 사막에서 목마름이 심하면 정신을 잃고 헛소리를 하며 쉽게 죽을 수도 있었는데 다행히 목숨을 건질 수 있었다. 그 사건 이후에 우리는 약 120리 정도의 힘든 여정을 더 이어갔다. 처음에는 대로로 시작해서 부드러운 모래 산을 넘어 딱딱하고 돌로 된 야갈 강가를 따라 걸었다. 한쪽에는 깎아지른 바위들이 있었고 또 다른 한 쪽은 강이 둘러싸고 있어서 앉을 수 있는 풀밭이 거의 없었기 때문에 어두워진 후에도 한참을 가야 했다. 더 이상 갈 수 없어서 멈춰야 하는 곳에 이르렀다. 긴 밧줄을 연결해서 말뚝을 박아 묶은 후에 말들이 풀을 뜯어 먹을 수 있도록 했지만 먹을 수 있는 풀의 양은 턱없이 부족했다. 저녁 식사를 준비할 때쯤 우리 셋은 완전히 녹초가 되어 텐트를 치거나 침구를 펴지도 않고 심지어는 말들을 붙들어 매지도 않은 채 있던 자리에 그대로 잠이 들어버렸다. 다음날 대낮까지 곤히 잤는데 일어날 때 너무 추워서 몸이 떨렸다. 정말 감사하게도 말이 한 마리도 없어지지 않았다. 그 다음날 아갈 강을 건넜는데 물이 깊고 유속이 빠른데다가 큰 돌들이 많아 강을 건너기가 쉽지 않았다. 그래도 짐과 옷가지들이 조금 물에 젖은 것을 제외하면 그럭저럭 괜찮게 건널 수 있었다. 정오쯤 되어 두 갈래 길이 만나는 곳에 도착했다. 거기에는 일종의 경비 초소와 같은 긴 오두막집이 있었는데 그곳을 지키는 몽골인 부부는 우리에게 매우 친절하게 대해 주었다. 이 지역과 카쉬강 근처에는 칼묵 방언을 할 줄 아는 준가르(zungar) 몽골 족이 많이 있었다. 고개의 꼭대기쯤에 45개의 카작족 텐트와 5개의 몽골족 텐트가 있었는데 그 가까이서 야영을 했다. 이곳에서 우리는 바늘과 실, 그리고 마른 과일들을 우유와 버터로 교환을 했다.

글을 읽을 줄 아는 한 어린 소년은 우리에게 우유를 가지고 와서 성경책으로 바꿔 들고 아주 기뻐하면서 돌아갔다. 이 지역에 있는 카작인들의 족장을 방문했는데 그의 큰 텐트 옆면은 모두 이 부족의 여성들이 만든 아름다운 태피스트리(벽걸이 융단-역주)로 장식되어 있었고 바닥은 매우 비싼 러그로 덮여있었다. 우리가 떠날 때 족장의 아들이 우리의 다음 여행 길을 얼마간 안내해 주었다. 다음날도 야영을 하는데 카작인 이웃들이 친절하게도 당근과 고기 그리고 마른 과일을 쌀과 함께 기름에 볶은 필라우를 대접해 주었다. 대부분의 천막 거주민들은 구릉지대로 떠나 겨울이 되어야 돌아올 것이었다.

돌아올 때는 티기스와 콩구스강이 만나는 지점을 지나 엄청난 더위

속에 16시간을 걸었는데 100여 km를 걷는 동안 단 한 번도 사람이나 짐승을 만나지 못했다. 자정에 마실 물이 있는 곳을 발견하여 거의 한 양동이 가득 물을 들이켰다. 우리 셋 중에 특히 나는 너무나 피곤해서 심지어 말에 실린 짐을 내리는 것도 도울 수 없었다. 숲의 한 가운데에서 잠을 잤는데 그곳은 정말로 모기의 소굴이었다. 다음날은 카작인들의 텐트 근처에서 야영했다. 여기에서 우리 말 한 마리가 없어져서 그날 밤과 다음날 온종일 말을 찾으러 다녔다. 후에 우리는 더위, 말파리 떼 그리고 모기를 피하기 위해서 강의 상류 쪽으로 캠프를 옮겨 우리말을 훔친 남자의 텐트 바로 옆에 텐트를 쳤다. 우리는 이 사실을 전혀 몰랐는데 한 사르트족(투르키스탄에 사는 이란계의 터키족-역주) 농부가 우리에게 말하기를 그는 우리가 잃어버린 말이 어디에 있는지를 알고 있고 만약 우리가 다섯 냥(중국의 옛 화폐단위-역주)을 그 주면 우리를 말이 있는 곳에 데려다 주겠다고 했다. 매더씨가 그와 함께 갔지만 그 사람은 진짜 말이 있는 곳을 아는 것이 아니라 말이 어디에서 발견되었는지 들었던 사람들을 알고 있는 것이었다. 이 사람들은 정보를 줄 때마다 돈을 요구했기 때문에 우리는 그들의 제안을 거절하고 대신에 카작 족장을 찾아갔다. 그는 재빨리 몇 사람을 내보내어 자기 텐트에 말을 다시 가져왔다. 물론 관습에 따라 우두머리에게 '번거롭게 한 대가'로 사례를 해야 했지만 귀중한 짐승을 되찾은데 비하면 많은 값이 아니었다.

후에 카작 족장인 우르스바이가 우리를 부르러 사람을 보냈지만 가는 길이 매우 험하고 꼬박 하루가 걸리는 여정이어서 못 가겠다고 했다. 그러자 말을 전하러 온 사람들은 근처의 카작인들을 함께 데려와 우리 두 사람을 붙잡아 줄로 매더씨를 묶더니 나에게도 똑같이 하기 시작했다. 우리는 어떤 식으로도 저항을 하지 않았다. 우리가 함께 가겠다고 하니 그제서 우리 포박을 풀어 주었다. 내가 심하게 병든 것을 보고 매더씨는 나를 못 따라오게 했다. 그는 우리의 하인과 함께 길을 떠나고 나는 남아 캠프를 돌보았다. 다행히도 족장의 텐트와 반대쪽에 약 30리 떨어진 곳에서 중국 관리들이 세금을 징수하고 있었다. 매더씨는 자신이 이 사람들에게 끌려가고 있는 것이라고 고발했다. 그들은 우리를 거칠게 다뤘던 것을 사과하면서 족장을 꾸짖었다. 그리고 도둑을 끌어와 매질하고 우리를 묶으라고 명령했던 사람도 데려와 매질하라고 했다. 그런 다음 매더씨와 하인은 캠프를 향해 길을 떠났다. 그런데 날이 어두워지자 안내자 역할을 하던 두 명의 카작인들이 더 이상 가지 않겠다고 했다. 다행히 말들이 길을 기억하고 있어서 자정쯤 되어 도착했는데 그렇게 한밤중에라도 그들이 무사히 돌아오게 되어 나는 대단히 감사했다.

다음날 카작 족장이 도둑이라는 소년과 키가 자그마한 관리 한 명을 보내왔다. 소년과 대질 심문을 해 본 결과 소년은 진짜 도둑의 몸종일 뿐 아무것도 모르는 그저 희생양이었다. 증거들을 따져 보니 진짜 도둑은 그 소년의 주인이었다. 알아보니 그는 우리의 가까운 이웃이며 우리를 묶을 때 주도적인 역할을 한 바로 그 사람이었다. 그는 자기 죄를 자백했고 겉옷을 벗고 매질을 당하겠다고 했다. "아닙니다," 우리는 말했다. "우리는 도둑이 말 한 마리를 훔쳐서 발각되면 네 마리로 보상해야 한다는 당신들의 관습을 따를 것입니다. 당신이 훔친 우리말은 당신이 거칠게 다뤘기 때문에 지금 매우 약해져있고 등이 매우 아픈 상태입니다. 아마도 우리 여행이 끝날 때까지 함께 버티지 못할 것입니다. 하지만 우리는 네 마리를 달라고 하지 않겠습니다. 한 마리면 충분합니다." 이 말을 듣자마자 그는 불같이 화를 내며 그가 도둑이라고 누설한 어린 몸종 소년을 발로 찼다. 그 소년은 자기 말을 한 마리 가지고 있었는데 관리가 우리에게 그 말을 주면 충분하지 않겠느냐고 제안했지만 물론 우리는 거절했다. 그래서 그는 그 문제를 상관에게 보고하기 위해서 가버렸고 그러는 동안 우리는 짐을 싸 들고 그러한 험한 동네에서 무사히 빠져나온 것에 진심으로 감사하며 길을 떠났다.

우리는 수마일의 야생 사과나무 숲이 있는 강둑을 따라 걸으며 계속해서 여정을 이어갔다. 길이 나무들 사이로 나 있었는데 그저 손을 들어 작은 가지를 꺾기만 하면 사과를 먹을 수 있었다. 사과가 익기엔 좀 이른 시기였지만 대부분의 사과들은 꽤 달고 매우 신선했다. 여행 중에 우리는 강을 건너기도 하고 분수령을 오르기도 했으며 어떤 지역은 카작인 소년들과 동행하기도 했는데 그들은 사과를 가득 실은 소를 끌고 있었다.

일요일에는 몇 명의 카작인들과 키르키즈인들이 우리 텐트에 와서 복음을 들었다. 한 젊은 청년은 기타를 치며 우리를 위해서 노래를 불러주었다. 우리 또한 투르키어와 영어 찬양을 불러주었는데 그는 그 노래가 마음에 든다며 몇 곡을 더 불러달라고 했다. 날이 춥고 습했는데 그는 거의 날이 어두워질 때까지 우리 텐트에 머물렀다. 다음날 날씨가 조금 맑아져서 우리는 다시 짐을 싸서 길을 떠났다. 뒤를 돌아보니 눈이 이미 고개까지 내려오고 있었다. 정확히 제때에 눈사태를 피해서 산을 넘어온 것이었다. 며칠 후에 우리는 율두스 계곡 꼭대기에서 야영을 했는데 그곳에는 몽골족 텐트가 많이 있었다. 그곳에 살고 있는 라마 노인은 티벳어를 매우 잘 읽고 그것을 유창하게 몽골어로 번역해냈다. 다음으로 우리는 사람이 살지 않는 지역을 통과하여 한 오보(몽골인들의 성지)근처에서 야영을 했다. 약 8년 전 내가 이 길을 지나갈 때 머문 적이 있었던 바로 그곳이었다. 주일에는 여행을 멈추고 휴식했다. 몽골인 몇이 우리 텐트를 방문했다. 또한 말에게 부과하는 세금을 징수하는 통간이 자기들을 때리려는 몽골 족과 싸워야겠는데 도와달라고 부탁하러 찾아왔다. 우리는 그들에게 그렇게 하지 말고 그들의 상관에게 보고하라고 충고해 주었다. 정부는 한 명의 통간에게 세금 징수를 청부시키는데 그 사람은 차례로 다른 사람들을 보내어 그들이 할 수 있을 만큼 많은 세금을 걷어 오도록 한다. 이런 제도가 바로 문제와 위험의 소지가 있는 것이었다. 목재와 짐승들에 대한 세금을 통간들이 징수하기 때문에 목재의 가격은 이전보다 6배 이상 올랐다. 티기스 강을 떠다니는 전나무가 이제는 너무 비싸져서 사람들이 살 엄두를 내지 못하고 어쩔 수 없이 농장이나 집 주변에서 자라는 질이 좋지 않은 나무들을 사용하였다. 친절한 목자와 그의 하인은 우리에게 우유와 버터를 가져다주며 말에게 부과되는 세금에 대해서 이야기해주었는데 이전에는 말에게 붙는 세금이 30전이었는데 지금은 1.5냥이라고 했다.

오늘 큰 화강암으로 뒤덮인 산골짜기를 건너는 동안 노새가 물에 빠져서 우리 셋은 말을 살려내기 위해서 모두 물에 뛰어들어야만 했다.

산꼭대기의 눈이 쌓인 곳 부근을 지날 때는 매우 추웠다. 정부 소유의 말 목장에 갔는데 그곳에는 약 400마리의 말들이 있었다. 그곳의 책임자로 있는 몽골인은 지난 봄에 티벳인 라마 한 명과 함께 우루무치에 있는 우리 집을 방문한 적이 있었다. 우리는 티벳어를 읽고 이해할 줄 아는 라마에게 복음서 한 권과 소책자 몇 권을 주었다.

다음날 산 정상으로 가는 길은 바위투성이로 매우 힘했다. 우리는 몽골족 텐트 근처에서 야영을 했는데 몽골인들은 우리에게 우유와 버터를 가져다주었다. 그 다음에 넘었던 샤르다반 고개는 이번 여행에서 의심할 여지없이 가장 높고 힘든 산이었다. 길고 가파른 길을 내려와 몽골족들의 농경지에서 야영을 했다. 한 몽골인 농부가 와서 말들에게 편자 박는 것을 도와주었다. 우리는 그에게 복음서 한 권과 몇 권의 소책자를 주었다. 그곳에서부터 동쪽으로 조금 가다가 다시 북쪽으로 가는데 우루무치의 산들이 어렴풋이 보였다. 이제 길은 거의 대부분 내리막이었다. 소나무 길을 지나 다시 농경지를 따라 며칠을 내려 가니 다시 우루무치에 도착했다. 편지가 와 있었다. 집사가 우리가 없는 동안 모든 것을 잘 돌보고 있어서 기뻤다. 우리는 말을 타고 천마일 넘게 여행하면서 총 75일을 떠나있었다.

버터와 우유를 주고 바늘과 실을 받고 기뻐하던 몽골여인

언덕의 노인

몽골인 목자

시르키의 탑, 집 가까이에 이르러~

CHAPTER Fourteen 14장

1916년에서 25년 사이의 편지는 대부분 사방팔방으로 장단기 여행을 하던 이야기와 순회 설교에 대한 이야기이다. 헌터와 매더는 자기들이 전하고 싶은 메시지를 퍼뜨리는 유일한 방법이 직접 그 복음을 들고 길이라고 나 있는 곳을 전부 다니는 것이라고 생각하여 지칠 줄 모르고 다녔다. 복음 전도 사역은 시간이 갈수록 더 어려워지고 있었다. 그들을 향한 제재가 점점 더 심해져서 주변에서 경계태세를 갖추고 그들을 주목하고 있었다. 러시아 정부는 선교사들에게 적대적이었고, 여행 제한 통제를 강화할 수 있는 곳이라면 어디든지 즉시 그렇게 했다. 조지 헌터는 몽골 외곽의 알타이와 콥두 지역을 순방하던 시기에 관해 상세히 기록한 보고서들을 마지막으로 보냈다. 그 때 이후로는 어떤 선교사도 그곳으로 여행 허가를 받지 못했다. 일기를 보면 두 사람은 확실히 중국인, 카작인 그리고 몽골인 같은 사람들에게 환영을 받고 있었다. 그들은 중앙아시아의 모든 언어로 된 성경 소책자를 잘 갖추어 들고 여행을 시작했다.

조지 헌터는 다음과 같이 쓰고 있다.

매더씨와 나는 님기르와 함께 알타이와 콥두를 향해 떠났는데 가는 도중 내내 중국어, 투르키어, 몽골어, 카작어 그리고 아라비아어 성경을 팔았다. 마나스에서 한 젊은 러시아인은 자신의 사르트족 주인과 다툼이 있었던지 돌에 맞아 머리가 깨져있었다. 그래서 그의 상처를 싸매 주고 집으로 데려갔다. 우리가 차와 소금을 주자 농부는 그 대가로 우리에게 가축들이 먹는 꼴과 왕겨를 주었다. 그렇게 여행 내내 우리는 이런 물건들을 음식이나 가축먹이와 교환했다. 물가에 도착했지만 그 물은 마실 수가 없었다. 그래서 물을 찾아 한참을 걸었다. 마나스 강에 도착해서보니 그곳도 수심이 깊고 진흙투성이였다. 이곳에서 티벳어를 읽을 줄 아는 카슈가르 출신의 한 칼묵인을 만나 그에게 티벳어 성경을 한 권 주었다. 퉁간 이주민들이 이곳에 살고 있었는데 최근에 일어난 홍수 때문에 댐이 무너져 모두 러시아 국경으로 아편을 재배하러 떠났다. 파리, 모기 그리고 말파리들이 심하게 공격했다. 우편 배달원들은 음식을 요리해서 나누어 주고 깊은 강의 지류를 건널 때 도와주는 등 대개 친절했다. 우리는 숲길과 늪지, 높은 모래 언덕을 지나면서 길을 찾지 못해 어려움을 겪었다. 어두울 때 숲을 지나가는 일도 있었다. 가축 먹이를 얻는 일도 어려웠고 물에는 부드러운 진흙이 섞여 있어서 마시지 못했다. 마침내 물을 찾아냈는데 그 물은 쓰고 강한 소다 맛이 났다. 다음날 아침 몸은 매우 피곤했어도 말파리 떼가 닥치기 전에 떠나야 했다. 그러나 우리 판단과는 달리 말파리 떼가 우리를 총력으로 공격해서 가엾은 말들은 말할 수 없이 고통스러워했다. 때로 우리는 소금 운송에 사용되는 수레 길을 따라가기도 하고 척박하고 돌이 많은 북쪽 사막도 지나갔는데 그곳의 바람은 마치 용광로에서 뿜어져 나오는 뜨거운 열기 같았다. 고트스프링이라고 불리는 작고 아름다운 오아시스에 도착해서 얼마나 기뻤는지 모른다. 그곳에는 꽤 질이 좋은 풀도 있었고 시원하고 달콤한 물도 있어서 참으로 기뻤다. 우리는 이곳에서 주일을 보냈다. 또 다시 말파리들이 견딜 수 없을 지경이 되어 서둘러서 칼묵 분파의 토르구트 족들의 텐트가 백 여 개 모여 있는 야영지를 향해 발걸음을 옮겼다. 그곳에서 막 떠나려는데 한 무리의 러시아 군인 망명자들이 따라왔다. 그들은 시베리아에서 도망쳐 나와 알타이로 가는 길인데 몽골대륙을 통과해서 하얼빈으로 간다는 것이었다. 그 다음으로 만난 사람들은 어린 수소와 낙타 떼들을 몰고 있는 오십 여 명의 투르구트족 몽골인들이었다. 우리는 그들에게 복음서와 소책자들은 주고 갈 길을 재촉해야만 했다. 허베이 강까지 가려면 지나야 하는 사막길이 아직 멀기 때문이었다. 어두워졌을 때 길을 잃어서 밤 10시 30분이 되어서야 강에 도착했고 자정이 되어서야 야영을 할 만한 곳을 찾을 수 있었다. 밤 동안 말들이 달아나지 않도록 단단히 묶어 두고, 우리들도 겨우 찬 물 한 잔을 들이키고는 배고프고 피곤한 채 그대로 자리에 누워 잠이 들었다. 다음날 꽤 많은 몽골인들과 아이들이 우리를 보기 위해 모여들었다. 그들에게 차와 설탕을 주고 대신에 우유를 얻었다. 몽골인 지도자가 중국의 관청으로 가서 우리가 온 것을 보고하자 그곳 담당자는 군인 한 명을 보내서 우리가 누구인지를 확인하게 하게 했다. 그 군인은 전에 티화에서 우리를 만난 적이 있어서 매우 친절하게 대해 주었다. 우리는 중국어와 몽골어로 된 복음서를 나누어준 다음 계속해서 50km 정도를 더 여행한 후 몽골인 농경지 근처에서 야영을 했다. 이곳에서 우리는 두 명의 라마를 만나 티벳어 성경을 주었다. 헤샨테오라는 곳에는 약 50마리 소가 끄는 수레가 있었는데 그 샨시족 수레꾼들에게 중국어 복음서를 주었다. 다음날은 40여km 언덕을 내려가 우룬구르 호숫가에서 야영을 했다. 말들은 그곳의 갈대풀을 좋아하지 않았고 우리도 역시 소금기 있는 물이 그다지 마음에 들지 않았다. 우룬구르 호숫가를 따라 말을 타고 일곱 시간 정도를 가다가 이르티시 강 둑 위에서 야영했다. 또 한 번 모기들에게 심하게 물린 뒤에야 바람이 시원하게 불어와서 약간 쉴 수 있었다. 한 러시아인이 우리 텐트를 방문해서 러시아어 성경을 주었다. 그런 다음 우리는 모래 언덕과 암벽으로 둘러싸인 사막을 꽤 오랫동안 지나야했다. 배로 크란강을 건너고 나서도 어두워질 때까지 또 한참 여행한 후에야 알타이 근처에서 야영을 할 수 있었다.

어느 날 카작 인들이 우리가 있는 곳을 지나가면서 꽤 많은 수가 우리 텐트를 방문했다. 그들에게 카작어 쪽성경을 주었다. 날이 어둑해질 때쯤 중국 관청 소속의 한 남자가 우리에게 중국어, 카작어, 투르키어 그리고 몽골어로 쓰여진 여권을 가져다주었다. 그 장군은 아침 일찍 관개 수로를 감시하려고 나가다가 우리 텐트에 들어와서 잠깐 교제를 나누었다. 후에 우리는 길가에 나가서 계속해서 설교를 하고 책을 팔았다. 한 칼묵 몽골인을 만나게 되어 책을 살 거냐고 묻자 "나도 한 권 있소."라고 대답하며 몇 번이고 되풀이하여 읽었을 법한 성경책 한 권을 품에서 꺼내보였다. 다른 몽골인이 티화에서 샀다고 하며 주어서 4~5년 동안 가지고 다닌 것이라고 했다. 이 사람은 집을 떠나온 지 4~5일 정도 되었는데 어디를 가든지 항상 성경책을 가지고 다녔다. 우리는 다음 며칠을 설교와 책을 파는데 보냈다. 그 후 타들어가는 듯한 평원을 떠나서 서늘한 산으로 올라갈 수 있어 기뻤다. 한 카작인의 텐트를 방문했는데 그곳에는 할머니만 한 분이 있었다. 외동아들은 친구를 만나러 가고 없었다. 우리는 할머니에게 성냥과 바늘을 주고 대신에 우유를 얻었다. 계속해서 카작 텐트를 몇 군데 더 방문해서 그곳에서도 복음서와 소책자를 주고 우유와 버터를 교환했다. 몽골인 텐트에도 갔는데 그곳에 사람들에게 매우 존경을 받는 할하족 라마 의사가 있었다. 그가 티벳어와 몽골어를 읽을 수 있어서 우리는 그에게 쪽성경 몇 권을 주었고 그는 우리에게 버터와 치즈를 주었다. 또 방문했던 몽골 텐트의 사람들은 칼묵인 중에서 올로족에 속한 사람들이었다. 우리는 그들에게 책 몇 권을 주고 떠나왔다. 우리 텐트에 놀러온 카작인들에게 설교를 하고 글을 읽을 수 있는 사람들에게는 성경책을 주었다. 저녁에는 한 몽골인이 우리에게 안약을 받은 답례로 우유를 주었다.

코브도로 가는 길에 알타이에서 아주 인기 있는 족장의 캠프 근처를 지나게 되었다. 부하 한 사람이 우리에게 족장이 아프니 그 집에 와달라고 부탁했다. 그곳에 가니 바이타 물라가 우리를 반겨주었다. 나는 그를 만나게 되어 기뻤다. 바이타는 완벽한 중국어를 구사했고 이전에 내가 카작어 성경을 번역할 때 도와준 사람이었다. 우리는 심장과 폐 문제로 고통스러워하고 있는 족장에게 약을 주었지만 유감스럽게도 회복될 희망은 거의 없는 것 같았다. 그의 부하들은 우리에게 매우 친절했으며 익힌 양고기와 우유를 주었다.

우리의 다음 캠프는 카작인들이 꽤 많이 지나다니는 곳이어서 찾아온 사람들에게 설교도 하고 책도 나누어 주었다. 그런 다음 우리는 3,000m 가량 높이의 우라가이투 고개를 건넜는데 길이 험하지 않고 잘 나 있었다. 글을 읽을 줄 아는 카작인 몇이 우리와 함께 여행하여 그들에게도 성경을 주었다. 우라가이투에서 발원해서 카라 호수로 흐르는 강의 둑에 야영했는데 그 물은 코브도 강을 지나 키르키즈 호수까지 흘러갔다. 또 한 번은 몽골인 몇 명이 우리를 지나갔는데 한 사람에게서 나무 대야를 얻고 대신으로 복음서 몇 권과 소책자를 주었다. 후에 우리는 호수의 동편 대신에 서쪽 길로 가다가 길을 잃어 버렸다. 카라 호수에서 다인 호수로 흐르는 강을 건너려고 애쓰다가 물이 너무 깊어서 동편 물가로 되돌아갔다. 가는 도중에 총을 가지고 있는 카작 관리가 우리에게 총알을 요구했지만 우리는 그들에게 성경을 주었고, 또 카라 호수 지역에 많이 살고 있는 카작인들에게 책을 나누어 주었다. 아름다운 초원 위, 전나무 바로 아래에 큰 시장처럼 보이는 곳이 있어 가까이 다가가보니 코브도로 가는 사르트족 상인들이 수 백 마리의 망아지들의 등에 전차(磚茶)를 실어서는 다른 곳에서 온 또 다른 무리의 상인들을 만나고 있는 것이었다. 사르트족들은 살람(일부 아시아 국가에서 오른손을 이마에 대고 허리를 굽히면서 하는 인사-역주)을 주고 받으며 서로 목소리를 높여가며 대화하고 있었다. 다인 호수로 흐르는 강을 건너는 동안 우리 노새 중 한 마리가 큰 돌을 건너다가 발을 헛디뎌 강에 빠지고 말았다. 매더씨와 우리 하인은 그것을 구하려고 물에 들어갔다. 그 과정에서 매더씨도 물에 빠지기는 했지만 마침내 그 노새의 발을 다시 바위 위에 올려놓는 데 성공했다. 지금 같은 때에도 물이 얼음으로 덮여 있는 호수에서 흘러 내려오기 때문에 얼음처럼 차가웠다. 얼어 있는 호수를 따라 약 2마일 정도를 더 간 후 아코롬 고개를 넘어 산 정상에서 멀지 않은 눈 덮인 언덕에서 야영을 했다. 한바탕 눈폭풍이 우리 바로 앞의 계곡을 휩쓸며 내려왔지만 우리는 그것을 피할 수 있어서 매우 기뻤다. 며칠 후 카작 지역으로 떠나 우룬구 몽골족들과 함께 있었는데 그곳에는 수천 마리의 야크들이 산 위에서 풀을 뜯고 있었다. 젊은 라마 한 사람이 우리를 데리고 가서 짐승 가죽과 털을 가지고 교역을 하는 중국인 상인들을 만나게 해주었다. 우리는 그들에게 쪽성경을 주었고 그 라마에게는 티벳어 성경책을 주었으며 두 명의 노가이 사람들에게는 그들의 언어로 된 쪽성경과 사도행전을 팔았다. 그런 다음 우리는 러시아인 상인이 소유하고 있는 집에 오게 되었다. 두 명의 카작인 여행자들이 밤 동안 우리와 함께 그곳에 머물렀고 한 오로 칼묵 몽골인이 우리와 동행해도 되는지를 물어보았다. 그는 지리 지식이 매우 풍부한 사람이었다.

어느 날 코브도로 가는 길이라고 확신하며 넓은 수레 길을 따라갔는데 잘못된 방향이었다. 러시아인들과 중국인 모(毛) 상인들의 가게까지 와서야 남쪽으로 너무 멀리 온 것을 알게 되었다. 남쪽 길은 물이 불어난 부정투강을 두 번 건너야 해서 우리가 피하려던 길이었다. 한 번은 강둑을 따라 밤새 건넜지만 물이 점점 불어나 도저히 협곡을 넘어 갈 수가 없었다. 결국 우리는 아주 먼 길을 되돌아가서 가파른 산길로 이어지는 좁은 길을 따라 갔다. 오래 전부터 있던 이 길은 지금은 다른 곳으로 이동하고 없는 유목민들이 소떼를 데리고 지나다니던 길이었다. 우리는 왔던 길로 되돌아갈 수가 없어서 다시 부정투강으로 가는 산을 넘어가기로 했다. 산을 올라가야했기 때문에 일은 점점 더 어려웠고 해질녘에 우리가 다다른 장소는 사람이 밟은 흔적이 전혀 없는 곳이었다. 얼음과 눈 위에 커다랗고 둥근 바위들만 있었는데 풀이나 땔감을 구할 수도 없었다. 그도 그럴 것이 그곳은 정말로 위험한 장소여서 우리 하인은 매우 두려워했다. 지니고 있던 빵을 작은 조각으로 모두 나누어 가졌지만, 아침까지 그것을 남겨 가지고 있는 것이 더 좋겠다고 생각해서 먹지는 않았다. 결국 우리는 배고프고 피곤한 채로 잠이 들었다. 추운 밤이었다. 다음날은 아침을 먹지 않고 바로 출발했는데 먼저 바위 꼭대기에 올라가 동서남북 방위를 잡은 다음에 동쪽 산등성이를 넘는 길을 찾았다. 여러 묘책을 쓴 덕분에 우리는 안전하게 산을 내려올 수 있었고 협곡 사이까지 오게 되어 너무나 기뻤다. 소들의 흔적이 있는 곳을 발견하여 두려움은 사라졌지만 우리 하인이 꽤 지쳐있었기 때문에 정오에 야영을 하기로 결정하고 음식을 먹으며 쉬었다.

우리 앞서 가던 카작인은 양고기 한 덩이를 주며 함께 가자고 했다. 그렇지만 강을 세 번이나 건너야 하는 지름길로 가려고 해서 함께 할 수 없었다. 우리 말 한 마리가 다리를 절고 있었고 나머지 말들도 너무

지쳐 있어서 물이 불어난 강을 건널 수가 없었기 때문이었다. 결국 그 일행들을 떠나서 동쪽 방향으로 갔다. 거리는 더 멀지만 강이 작고 하나뿐이어서 불어난 강물을 피하여 짐을 실은 말이 계속 갈 수 있는 유일한 방법이었다. 강의 지류를 따라 걷는 길엔 온통 멋진 야생 대황(大黃)들이 피어있었다. 그래서 우리는 그 강을 루바브(대황)강이라고 불렀다. 주위에서 먹을 만한 것들을 모았다. 주변에 아주 많이 자라고 있는 야생 양파와 버섯도 한 자루 가득 모았다. 루바브 강의 상류 근처에 야영을 했는데 그곳에는 말들이 좋아하는 양질의 풀이 풍부했다. 우리는 쉬면서 쌀, 대황, 버섯, 양파 그리고 카작인이 준 한 덩이 양고기를 가지고 연회를 벌였는데 우리 투르키 하인은 특히 양고기를 좋아했다.

분수령을 넘어 와서 코브도로 가는 대로를 향해 갔다. 그때까지도 제대로 길을 가고 있는 것인지 확신할 수 없었지만 얼마 지나지 않아 몽골족 거주 구역으로 들어오게 되었다. 첫 번째 텐트를 방문하여 그 집 여인에게서 말린 크림을 사고, 우리가 가지고 있는 바늘을 우유와 물물교환 했다. 계곡 끝에 있는 한 라마의 텐트 곁에서 야영을 했다. 그는 우리에게 매우 친절히 대해주며 성경책, 바늘 그리고 실을 우유와 버터로 교환해주었다. 우리가 떠날 때 젊은 라마들이 말을 타고 우리를 따라 와서는 우리 책을 얻어가고 싶어 했다. 우리는 그들에게 책을 줄 수 있어서 기뻤다. 한 젊은 몽골인이 우리를 따라왔는데 자기는 토르구트족 사람으로 우리가 티화에서 친하게 지냈던 한 왕자의 수하라고 했다. 그리고 자기가 우편배달부라고 하며 가지고 다니는 편지들도 보여주었다. 우리는 그에게 복음서를 한 권 주며 얼마간 이야기를 더 나누었다. 그는 우리를 떠나 준마를 타고는 쏜살같이 달려갔고, 우리는 천천히 부정투강의 남동쪽으로 진행했다. 한 몽골 왕자의 야영지를 통과하여 코브도에서 2마일 정도 떨어진 강가에 텐트를 폈다. 그곳에 있는 러시아 영사를 찾아가자 친절하게도 불과 한 달 밖에 지나지 않은 북경발 신문을 주었다. 여섯 달 만에 처음으로 보는 신문이었다. 코브도와 북경 사이는 편지가 급행으로 한 달 밖에 걸리지 않았다.

코브도 시장을 찾아가자 매우 친절하게 맞아주며 코브도 지역에서 통용되는 중국어와 몽골어로 된 특별한 여권도 만들어주었다. 그 후에는 길가에 나가 중국어, 몽골어, 칼묵어, 카작어, 사르트어 그리고 러시아어로 된 성경책을 팔았다. 이곳에는 작은 단위의 화폐인 동전이 없었기 때문에 모든 무역은 말린 차 잎으로 이루어졌다. 러시아 루블 지폐도 받았는데 루블이 1전 정도 밖에 하지 않아 별 가치가 없었다. 한 몽골인이 우리를 세관을 담당하는 관리의 텐트로 데려갔는데 그 관리는 우리가 가지고 있는 책을 전부 살펴보더니 몽골어, 칼묵어 그리고 티벳어로 된 책들을 샀다. 며칠 후에 우리는 말들이 먹기에 더 좋은 풀이 있고 시내 쪽에 더 가까운 강의 아래쪽으로 텐트를 옮겼다. 시장에서는 복음서를 달라는 러시아인들이 많았고 완전한 성경책을 요청하는 사람도 있었다. 한 그리스인 사제는 망명자 출신으로 매우 흥미를 보였지만 우리의 러시아어 어휘가 부족해서 그와 대화를 나눌 수가 없었다. 똑똑한 어린 소년이 있었는데 아버지가 이곳 러시아 상인회의 우두머리였고 꽤 유창한 몽골말로 우리와 대화를 많이 했다. 돌아가는 여정을 위해 남겨 놓은 몇 권을 제외하고는 가지고 있던 몽골어와 티벳어로 된 복음서들을 전부 팔았다. 우리 말 한 마리가 등이 상해서 우리는 카작인에게 14개의 압축 차 잎을 주고 말 한 마리를 샀다. 또한 이전에 사귀었던 여러 명의 친구 관리들을 찾아가 작별 인사를 하면서 우리에게 베푼 친절에 대해 고마웠다는 말을 전했다. 코브도에 머무는 동안 러시아인, 중국인, 몽골인, 사르트인 그리고 카작인, 관리들과 일반인 모두 우리에게 친절하게 대해 주었다.

    코브도를 떠나 알타이로 돌아갈 때 강의 북쪽 편으로 계속해서 가다가 서쪽으로 방향을 옮겨 테렉 고개를 향해서 나아갔다. 가파른 산을 몇 번 오르내리고 나자 우리가 제대로 길을 가고 있는지 아닌지 궁금해지기 시작했다. 하지만 날이 어둑해져서 막 텐트를 쳤는데 사르트족 카라반을 이끄는 카작인과 알타이로 가려고 하는 중국인 상인 둘이 뒤따라 왔다. 며칠 동안 우리는 카라반 무리를 따라서 돌이 많고 유속이 빠른 테렉 강을 몇 차례 건넜기 때문에 산기슭에서는 사람들을 앞질러 가게 되었다. 이곳은 알타이 코브도 길 중에서 높이가 2,500m나 되어 가장 넘기가 어려운 고개였다. 가파르고 구불거리는 길을 오르고 있을 때 심한 눈폭풍이 닥치고 우박 섞인 바람이 얼굴 바로 앞까지 불어쳤다. 카작과 몽골 낙타들이 이 고개를 짐을 싣고도 건널 수 있다는 것이 정말 믿기 힘들 정도였다. 초원에 사는 일반적인 낙타들은 절대로 그렇게 할 수 없었다. 그리고 산악 낙타들조차도 가는 도중에 죽기 일쑤였다. 짐승들의 뼈가 길가에 많이 흩어져 있었고 막 버려 진 것 같은 불쌍하고 무기력한 짐승도 한 마리 보았다. 모두 가까스로 안전하게 고개를 건널 수 있었지만 말이 다리가 부러지지나 않았는지 걱정이 되었다.

우리는 탈라 강의 북쪽 길을 따라 가다가 호수에서 나와 흐르는 강의 둑에 야영을 했다. 아직 8월밖에 되지 않았는데도 눈폭풍이 불고 웅덩이의 물들은 모두 얼어붙어 있었다. 나는 종종 중국인들이 '카작인들은 마치 사르트족 사람 같아서 친절을 모른다.'는 말을 듣곤 했는데 이 말은 모든 카작인들에게 해당되는 것이 아니었다. 우리와 함께 머물렀던 사람들은 그렇지 않았다. 그들은 떠나면서 우리 수고에 대해서 매우 고마워했다. 우리는 우랑하이족 몽골인들의 텐트가 모여 있는 곳을 지나 사크사이 강을 건너서 한 러시아 상인의 가게 근처에서 야영을 했다. 몇 시간 동안 눈과 진눈깨비 속에서 말을 타게 되니 매우 추웠다. 며칠 후 한 중국인이 홀로 말을 타고 오는 것을 보고 놀랐다. 그는 사크사이 지역에서 왔는데 우리가 알타이를 향해 간다는 말을 듣고 우리를 따라잡으려고 했으나 놓쳐서 말고삐를 잡고 잠을 자면서까지 밤새 홀로 아코롬 고개를 넘은 것이었다. 그는 사크사이 지역에서 몽골족과 함께 살면서 몽골 여자들에게 은화를 팔았는데 그들은 그것을 장신구로 사용했다. 그는 또한 중국 의상을 여우털이나 양털과 교환하기도 했다. 그는 양이라는 이름의 허난 출신 사람으로 우리에게 사심이 없고 상냥한 여행 동반자가 되어 주었다. 러시아인과 카작인 몇이 우리 텐트에 찾아 와서 복음서를 주고 우리에게 아주 필요했던 로프를 얻었다.

또 다른 지역에서 만난 카작인은 우리에게 우유와 치즈, 응유(커드, 우유가 산이나 효소에 의하여 응고된 것-역주) 그리고 버터를 주었다. 우리는 또 코브도 출신의 잔그라벨이라는 흥미로운 카작인을 만났다. 한때는 매우 부자였지만 흰 늑대와 푸른 늑대가 휘젓고 가는 바람에 코브도지역에 있던 그의 가축들을 다 잃고 말았다. 우리가 하는 설교를 매우 흥미 있게 들었는데 부자와 나사로 이야기를 하자 갑자기 떠들썩해지더니 모두 눈물이 날 정도로 웃었다. "그 부자 말이야, 꼭 우릴 괴롭히는 바이스(부자들)같구만. 그게 바로 그들을 기다리고 있는 미래지."

조지 헌터는 이렇게 글을 썼다.

이 여행을 끝내기 전에 나는 코브도가 호수의 땅인 반면에 알타이는 강의 땅인 것을 언급해야 하겠다. 이곳은 크란 강과 이르티쉬 강의 발원지로 그 물들은 자이산 호수로 흘러들어가 거기서부터 북극해의 걸프만으로 흐른다. 원래 러시아 기선(氣船)이 이르티쉬 강과 만나는 부르첸 강의 부르첸까지 왔지만 유럽지역에 전쟁이 맹렬히 계속된 이후로는 집들은 텅텅 비고 기선들은 운행을 하지 않게 되었다.

헌터와 매더 두 선교사는 우루무치로 돌아왔는데 그 전에 헌터는 이렇게 기록하고 있다.

나는 이전에 했던 것처럼 영국 성서 공회에 더 많은 러시아어 성경을 보내달라고 부탁했다. 어린 러시아 소녀가 나에게 아직도 책이 한 권 남아 있는지를 물으러 왔다. "오늘은 책이 올까요?"라고 묻곤 했다.

조지 헌터의 보고서 어조는 미묘하게 바뀌어 있었는데 자신도 모르는 사이에 가능성에 대한 행복감을 드러내고 있었다. 모든 상황은 변함없이 힘들었지만 이제는 마음이 맞으며 영적으로 민감하고 지략이 풍부한 젊은 동료와 경험을 공유하고 있었기 때문이었다. 홀로 있을 때 그는 외로운 방랑자였지만 이제는 두 명이 한 팀을 이루었다. 서로가 신실한 파트너로서 하나님께서 지명해 주신 뗄 수 없는 끈에 서로 묶여서 자신들에게 주어진 임무를 즐거운 모험으로 바라보며 함께 나아갔다.

이번 한 번의 여행에서만 그들은 러시아 군인들, 망명자들, 그리스 정교의 사제, 투르키인. 중국인, 카작인, 사르트인, 티벳인 라마, 노가이 타타르족, 몽골인 남자, 여자, 아이들, 칼묵인, 토르구트인, 오로족 그리고 할하족들을 만났다. 그 모든 이들에게 그들은 복음서를 가져다주었고 자기들이 읽을 수 있는 언어로 된 성서 사본을 주었다. 이러한 일은 선교사들의 인내심을 바탕으로 한 사역과 조지 헌터가 헌신했던 성서 공회의 아낌없고 자발적인 협력이 뒷받침되었기에 가능한 일이었다.

CHAPTER *Fifteen* 15장

 그들은 이렇게 힘든 여행을 일 년 내내 계속하였다. 그가 기록한 여행 일지는 무심코 읽거나 모험을 기대하며 읽는 사람에게는 단조로울지 몰라도 이 두 남자에게는 매일매일 모든 사람을 위한 복음을 가지고 사는 개척자의 삶이 스릴이 넘쳤다. 가는 곳마다 인간을 향한 하나님의 화해의 메시지인 성경을 남겨두고 왔기 때문이었다. 지리적으로 서양인들에게는 거의 미지의 영역인 지역을 계속해서 탐험하는 것에 관심이 있었고, 인간적인 측면에서는 그 땅의 사람들을 알기 위해 노력했다. 그들은 주로 교역로와 유목민들이 거주하는 초원 지대를 다니며 많은 사람들을 만났는데 우루무치에 몇 달 있을 때면 집에 찾아오는 사람들로 언제나 북적거렸다.

 그들은 결코 수고하는 속도를 늦추려고 하지 않았다. 한 때는 매우 넓게 열려있던 복음 전도의 문들이 점진적이지만 가차 없이 눈앞에서 닫혀버리는 일이 비재하여 긴박함을 느끼고 있었기 때문이었다. 이전에는 필요가 없던 지역에서도 군사 통행권이 필요하게 되었고 몇몇 지역은 그곳에 들어가기 위해서 특별한 허가증을 얻어야만 했다. 그들 중 어느 누구도 휴가를 갖는 것에 관해서는 이야기를 하지 않았다. 조지 헌터는 너무나 오랫동안 완전히 고향의 연줄로부터 고립되어서 스코틀랜드를 다시 방문하고자 하는 열망조차도 완전히 잃고 살아가고 있었고, 퍼시 매더는 비록 계속적이고 친밀한 편지를 주고받으며 고향과 가족들의 다정한 연결고리에 여전히 묶여 있었지만 대부분의 선교사들이 하는 것처럼 정기적인 간격으로 안식년 휴가를 갖는 것을 결코 당연하게 받아들이지 않았다. 그래서 그들은 1928년이 될 때까지 그 주제를 가지고 의논한 적이 없었다.

그 해는 매더가 중국에 온 지 16년이 되던 시점이어서 상하이 본부에서는 오래 지연된 안식년을 가지라고 그에게 촉구했다. 같은 해 여름에 중국 내지 선교회 소속의 여자 선교사 세 명이 시베리아 횡단 열차를 타고 유럽으로 가는 길에 그들이 사는 마을을 지난다는 편지를 받았다. 퍼시 매더가 그들과 합류하여 함께 영국으로 가기로 급히 결정이 났다. 그 세 명의 여자 선교사들, 에바, 프란체스카 프렌치와 밀드레드 케이블은 20여년 동안 깐수와 신장 지역의 북서쪽 경계에서 사역해왔다. 그들은 우루무치에 있는 이 두 사람에게는 가장 가까운 이웃에 있는 선교사들이지만 엄청난 면적의 고비사막이 그들 사이에 있어서 지금까지 한 번도 만난 적이 없었다. 두 사람은 이번 만남을 기대하며 매우 흥분하였다. 퍼시 매더는 12년 동안 고향인 영국 동료 여자 선교사를 단 한 사람도 본 적이 없었다. 이번 방문으로 인해서 단출했던 건물에 이러저러한 추가적인 준비가 필요했다. 게스트하우스를 세 여성들을 위한 숙소로 개조해야 했다. 헌터나 매더의 집은 양쪽 다 그 목적에 적합하지 않았기 때문이었다.

벽돌공과 목수를 고용하여 방이 세 개 딸린 3층짜리 '레이디 하우스'를 주택지의 다른 쪽 모퉁이에 짓기 시작했다. 두 남자는 자기들이 너무 검소하게 살아서 여자들에게 어떻게 해줘야 하는지를 잊어버리고 있었다. 그러나 이 여성들도 개척 선교사들이고 어딘가에서 살아왔던 주거 환경도 그들과 별반 다르지 않을 것이라고 생각하며 스스로 위안했다. 더구나 이 여성들은 그 길고 긴 고비 사막을 건너서 우루무치에 도착하게 될 것인데 그 만만치 않은 여행을 끝내고 난 후에는 가장 단출한 숙소도 사치처럼 느껴질 터였다.

조지 헌터는 그해 여름에 남동쪽으로 여행하여 손님들을 하미에서 만나 에스코트해서 돌아오겠다고 했다. 전체 여정은 족히 두 달이 걸렸는데 귀중한 손님들을 모셔오는 목적에 비하면 그리 오래 걸리는 것도 아니었다. 반면에 퍼시 매더는 우루무치에 남아서 도착하는 날을 위해서 만반의 준비를 하고 있을 것이었다.

더운 날씨가 계속되는 때에 세 여선교사들은 먼지를 뒤집어쓴 채 고비 교역로의 오아시스들을 연결하는 여행로를 천천히 따라가고 있었다. 그 길은 여행자들이 걷는 것보다 훨씬 빨리 소식을 전해주었다. 아직 하미에 도착하지 않았는데 '나이 든 우루무치의 설교자'가 '멀리서 오는 귀한 손님들'을 만나러 오는 길이라는 소식을 듣게 되었다. 며칠 후 그들은 길가에 세워진 작은 수레 한 대를 보았다. 그 곁에 조야한 투르키 면 옷을 입은 키 큰 남자가 수레에서 내려 말머리에 서 있었다. 이 남자는 다른 투르키 여행자들과 별 다른 점이 없어 보였지만 이곳에 조지 헌터 외에는 다른 서양인이 있을 수 없었다.

심지어 이런 조잡스러운 면 옷도 큰 키와 유연한 팔다리, 쭉 뻗은 몸매의 그가 입으니 품위 있어 보였다. 그의 머리카락과 짧게 자른 턱수염은 흰색이었고 눈은 아주 파랬다. 조지 헌터는 이미 선교지에서는 전설적인 인물이었고 세 여자들은 각자 무의식적으로 마음속에 그가 어떤 모습일지를 그려보았지만 그가 지닌 검소함과 품위는 모든 상상을 초월하는 것이었다. 그때 서로 알게 된 것이 수년의 시간이 지나면서 훌륭한 우정의 관계로 깊어지게 되었다.

사람과 짐승이 먹고 쉴만한 곳이 있는 마을까지는 아직도 수

마일을 더 가야했기 때문에 무겁게 짐을 실은 사막 운반 수레는 앞장선 헌터를 시야에서 놓치지 않으려고 최선을 다했다. 헌터의 수레는 길에서 만난 수레들과는 아주 달랐다. 그것은 영국제로 프랑스의 전쟁터에서 기지로부터 전방으로 가벼운 군수품을 운반하기 위해 영국 군대가 특별하게 디자인한 것이었다. 1918년 이후에 이 작은 수레는 러시아를 경유하여 신장으로 오게 되었는데 헌터는 그 수레를 보고 즉시 구입했다. 그 수레는 매우 튼튼해서 많이 여행하는 헌터에게 머물 수 있는 집이 되어주었다. 그는 항상 최상급의 짐승들과 작은 수레를 가지고 다녔는데, 선교사에게 전쟁 시 탄약과도 같은 책들을 싣고 옆에는 회색 말을 탄 매더와 밤색 말을 탄 님기르와 함께 가는 모습은 여행길에서 늘 볼 수 있었던 익숙한 모습이었다.

조지 헌터는 여자 손님들을 가능한 한 편하게 우루무치로 갈 수 있도록 최선을 다했다. 어디를 가든지 기꺼이 도와주는 친구들이 있었기 때문에 어디에서든지 세라이(대상들의 숙소-역주)에서 가장 좋은 방을 구할 수 있었고 교역로에서 어려움을 만나게 되면 항상 도움의 손길이 있었다. 마지막 날 우루무치 근처에 왔을 때 퍼시 매더가 회색 말을 타고 전속력으로 그들을 향해 왔다. 그가 에스코트 임무를 넘겨받자 잠시 후 힘센 노새들이 끄는 여행 수레는 앞서 달려가서는 시야에서 사라졌다. 일행이 우루무치의 붐비는 도로변에 도착해서 선교관에 이르렀을 때 헌터는 이미 그곳에서 그들을 환영하고 있었다. 어느새 얼마 전에 만났던 투르키 여행자의 모습은 완전히 스코틀랜드의 멋진 성직자로 변해 있었다. 자신이 가진 제일 좋은 검은색 정장에 옷깃을 접어 젖혀 검은 타이를 맸고, 모양새 나지 않던 여행용 부츠는 광이 나는 가죽신발로 바뀌어 있었다. 그는 공손한 태도로 손님들을 자기 집으로 환영하며 맞이했다.

비록 이런 손님들이 오는 특별한 경우라도 집안에서 반복되는 일상생활은 흐트러지지 않았다. 저녁 식사는 보통 때처럼 '소년'이 식탁에 삶은 양고기와 간단한 쌀밥 한 접시를 차려놓은 것으로 했는데 여자들 중 한 명이 집안일을 맡아서 돈은 더 들지 않으면서도 양고기와 쌀보다 더 구미가 당기는 다른 음식을 내왔을 때의 커다란 기쁨은 감출 수가 없었다. 하지만 손님들이 떠나자 집안일은 다시 제자리를 찾아갔다. 전에 많이 만들어두었던 잼이 저장 창고에 있다는 사실을 제외하면 다시 저녁 식사로 양고기와 쌀 이외에는 아무것도 없는 생활이 계속되었다.

손님들은 몇 달 동안 이곳에 머무르게 되었다. 러시아 땅을 통과하는 통행 허가를 얻는 절차가 아주 길고 복잡했기 때문이었다. 조지 헌터는 자기가 갈 수 있는 만큼 멀리까지 가서 친구들을 배웅하고 일행과 헤어진 후에는 시베리아 국경지역에서 겨울을 보내기로 결정했다. 타르바가타이 산기슭의 작은 언덕길에서 헤어지던 마지막 날, 두 남자 사이의 이별이 엄청나게 큰 심리적 부담감으로 다가왔다. 조지 헌터는 주님 이름을 위해서 모든 것을 버린 적이 있었다. 집과 땅과 일가친척을 다 버렸을 때 주님은 이 이해심 많은 동지를 선물로 주셔서 100배의 완전한 교제를 누리게 해 주셨다.

본국에서 사람들이 퍼시 매더에게 그의 선배 선교사에 관해서 질문을 하면 바로 그때의 모습을 떠올리면서 눈물을 보이지 않으려고 고개를 돌리곤 했다. 하지만 안식년은 매우 빨리 지나갔고 곧 조지 헌터는 매더가 영국을 떠나 인도를 건너 카슈가르의 카라코룸 고개에 도착할 예정이라는 소식을 들을 수 있었다. 그곳에서 그를 만나기 위해 조지 헌터는 또 카슈가르로 가는 남쪽 길을 향해 다시 여행길에 오르는 것이었다.

길에서 알게 되어 우루무치 집에 온 방문객

다른 종교를 믿는 사람들

무선 방송 선전을 듣고 있는 알타이 사람들

티벳인들

CHAPTER FIFTEEN_ 15장

수 많은 불상으로 이루어진 동굴 - 둔황 근처

CHAPTER Sixteen 16장

　카슈가르는 이러저러한 소문들로 무성했다. 히말라야에 있는 댐이 무너져서 카라코룸을 넘어가는 길이 막혔다. 그 해 초에 메디나를 향해서 순례 길을 나섰던 수백 명의 무슬림들은 길을 갈 수 없었고 그들 중 많은 사람들이 거친 강물의 물살에 빠져 죽었으며 다른 이들은 야르간트로 다시 돌아갔다는 것이었다. 이 재앙은 겉으로 재앙으로 보이지만 후다(위구르어로 하나님이라는 뜻-역주)의 뜻이며 이런 순례 여정 중에 죽은 사람들에게는 행복한 내세가 보장된다고 그들은 믿고 있었다. 조지 헌터는 소문들을 무시하는데 익숙해져 있었다. 만약 그가 그런 것들을 마음에 두었다면 그렇게 자주 여행하지 않았을 것이다. 하지만 이번에는 실제로 되돌아오던 순례자를 만났는데 똑같은 일이 카슈가르에서 오고 있는 퍼시 매더에게도 일어났을지 모를 일이었다.

　매더를 기다리면서 헌터는 매일 시장에서 몇 시간을 보내며 청중이 있을 때면 언제나 설교를 하고 듣는 이가 없을 때에는 항상 개인적으로 사람을 만나 이야기를 하고 어디서든 복음의 메시지가 담긴 책을 나누어 주었다. 그리고 찾는 사람이 있다고 하면 집까지 찾아가기도 했다. 마침내 그는 좋은 소식을 들었다. 한 카라반이 지나가면서 마선생(매더씨)이 바로 뒤에 따라 오고 있다는 것이었다. 며칠 후 매더는 상상을 초월하게 힘든 산 고개를 넘어 안전하고 건강하게 도착했다. 잠깐 쉬고 나서 그들은 다시 함께 이전에 다녔던 여행길에 올랐다. 휴가로 인해 잠시 헤어졌던 기간은 이미 마치 그들의 오랜 동반 생활 속에 막간 여흥과 같은 것이 되고 있었다.

하지만 신장의 정치적인 소식은 그들의 마음을 매우 심란하게 하였다. 1911년에 중화민국으로 선언한 이래로 이 지방은 양이라는 지방장관의 안정된 통치 아래 평화를 유지하고 있었다. 아직 카슈가르에 머물고 있는데 그 사람이 잔인하게 살해되었다는 소식이 들려왔다. 그렇게 되면 불가피하게 정치적으로 무질서가 뒤따를 것이고 그들의 활동에 제약이 있을 것이었다. 양 지방관은 우루무치에 있는 러시아 대학에서 상장을 수여하기로 되어있었는데 식이 거행되는 동안 경호원들이 무장해제 당하고 그는 살해되었다. 이 불법 행위는 지방의 중심지뿐만 아니라 전체 투르키스탄을 공포에 빠뜨렸다. 양을 대신할 사람으로 지명된 사람은 전에 통치하던 독재 군주와는 다르게 나약하였다. 그는 아편 흡

연가였고 문제를 일으켜 이번에 기회를 확실히 붙잡으려는 이 무법천지의 사람들을 통제하는 일에는 절대적으로 부적절한 사람이었다.

살인자는 붙잡혀서 처형되었고 군중들은 다음에 어떤 일이 일어날지 행보를 주시했다. 끝없는 폭동과 무질서가 계속되었고 신장 지역은 양 지방관이 통치하던 때에 누리던 안정을 결코 되찾지 못했다. 전쟁 군주들의 약탈에 의해서 중국 자체가 두 동강으로 나누어지는 그 긴 기간 동안 멀고 외로운 고비 길을 조용하고 평화롭게 여행하는 것이 가능했던 것은 그 사람 덕분이었다.

이런 상황에서도 두 선교사는 이전의 힘든 사역과 생활 방식을 재빨리 회복했다. 여행하고 설교하고 늦은 밤까지 몽골어와 카작 방언으로 번역하는 일에 다시 몰두하였다. 안식년 동안 고향에서 단순하기는 하지만 그렇게 즐겁게 지내던 퍼시 매더가 중앙아시아에 다시 돌아와 힘든 삶 속에서 느슨해지려는 생각을 한 번도 하지 않았다는 것은 상당히 주목할 만하다. 심지어 그는 떠나 있을 때에도 스스로 엄하게 훈련했는데, 가장 간소한 음식만을 먹음으로써 다시 개척자의 삶으로 돌아갔을 때 적응력을 잃지 않으려고 애썼다.

아마도 어떠한 선교사도 조지 헌터와 퍼시 매더가 한 것만큼 넓은 지역을 효과적으로 전도한 사람은 없을 것이다. 하지만 복음을 선포하는 초기 단계에서 발전하여 교회를 세우는 일은 전도의 속도를 따라가지 못했다. 일찍이 1908년에 조지 헌터는 최초의 세례자가 2명이 있다고 보고했지만 그 이후에 이 숫자는 오랫동안 변하지 않았다. 확실히 개종자는 있었지만 헌터는 그들이 진리에서 타락하거나 떠나는 것을 두려워하여 성찬자의 명단을 유지하려는 위험을 감수하려고 하지 않았다. 복음을 전하여 개종자를 얻기 위해서라면 어떤 힘든 일도 마다하지 않고 수고를 했지만 이 개종자가 세례를 통해서 그의 죄를 고백하고 교회의 일원으로 허입되는 일반적인 절차는 이 선교사가 하던 일이 아니었다. 헌터는 그리스도께서 자기를 보내실 때 복음을 전파하라고 하셨다고 했다. 자기에게 세례를 주라고 하신 것이 아니라는 것이었다. 그는 항상 그 사람이 실패하고 어떤 식으로든 그리스도의 이름에 불명예를 가져다줄 가능성을 언제나 미리 내다보는 고로 신자를 교회의 온전한 교제 속으로 인도하지 못했다.

퍼시 매더는 그와 다른 영향력이 있어서 그가 온 이후에 세례를 받는 그리스도인들의 수가 점차적으로 늘어났다. 개종자를 승인하고 교회 위원회의 권위를 위임할 때 매우 신중히 하여 그 과정은 매우 느렸다. 교회의 일원으로 여자를 허용하는 것에 관해서 헌터는 자신이 결코 이런 어려운 문제를 판단할 자격이 없다고 느꼈기 때문에 그 문제에 관해서는 손을 떼고 위험을 감수하지 않는 것이 현명하다고 생각했다.

우루무치는 중국 전역에서 사람들이 모여드는 도시였는데 시간이 지나면서 많은 사람들이 교회에 들어왔다. 이런 식으로 성찬자의 무리가 꽤 크게 형성되었는데 그 중에는 정부의 중요한 위치에 있는 세련된 사람들도 있었고 여지들도 몇 명 있었다.

헌터는 이상하게도 추수의 열매들을 한껏 즐거워하지 않았는데 왜 그랬을까? 그것은 헌터의 기질이 신중했기 때문일 수도 있었고 또 그가 우루무치 생활의 어두운 면들을 잘 알고 있었기 때문이었을 것이다. 젊은이들 사이에는 속임수가 팽배해 있었고, 우루무치 사람들은 대부분 중국 전역으로 몇 년 동안 다니면서 아내와 아이들과 떨어져 지냈다. 하지만 이런 이유들도 그의 태도에 대해서 충분한 설명이 되지 못했다. 그는 정말로 그리스도의 이름에 불명예가 되는 것을 두려워했다. 그리고 그는 하나님의 심판에 대해서 보다도 언젠가 이 땅에 그의 뒤를 잇는 사람들에 의해서 전해지게 될 잔인하고 비판적인 말들이 두려웠다. 자기 뒤에 오는 사람들은 이렇게 비판할 것이었다. "우루무치에 강력한 교회가 있는 줄 알았는데 그것은 죽어 있었다." 아마도 다음과 같이 추가로 설명할 지도 모르겠다. "나의 고통스런 첫 임무는 헌터씨의 오른 팔이었던 지도자를 내쫓는 일이었다." 이렇게 되느니 차라리 교회의 명부를 파기하고 개종자들이 세례를 받았을 때 본부에 보고하거나 그 기록을 보존하지 않는 것이 더 낫다고 생각했는지도 모르겠다. 퍼시 매더는 교회 행정의 이러한 문제에 관해서는 좀 더 균형 잡힌 견해를 가지고 있었기 때문에 이 문제에 대해서 둘 사이에 많은 이야기와 논쟁이 있었다. 토론을 거친 결과 그들은 교회 멤버 중에서 가장 믿을만한 사람에게 책임을 위임하는 방식을 취하기로 했다. 그렇게 함으로써 선교사들이 집을 떠나 있게 되어도 일요일 예배와 주중 저녁 교육이 규칙적으로 진행되어질 수 있도록 한 것이었다. 이렇게 우루무치에서의 그리스도인 사역은 지속성을 띠게 되었다. 그 지역은 한 단계 앞으로 나아갈 준비가 되었다. 두 사람은 지치지 않고 노력한 결과 많이 추수하였다. 그렇지만 결코 그것을 거둬들였다고 그 자리에 안주하지 않았다.

세 명의 여자 선교사들은 이미 우루무치에서 온 겨울 한 철을 지내고 있었다. 널리 배포된 초대장을 보고 매일매일 구름 떼같이 모여드는 도시의 여성들을 위해서 그들은 특별 전도 집회를 열었다. 퍼시 매더는 이 일을 보고 고향에 있는 누이에게 다음과 같이 편지했다.

"매일 300명가량의 여성들이 낮에 교회에 모여 북적이며 복음 메시지를 듣고 있는 것을 지켜보니 얼마나 좋은지 몰라. 우리의 일요 예배는 이제 장관을 이룰 정도가 되었어. 마침내 여성 예배자도 남자만큼이나 가득하게 되었다."

헌터는 천성적으로 사람을 자기 쪽으로 끌어당기거나 그들을 다른 사람들과 연결해주는 기질이 부족한 사람이었다. 그는 진실하게 주님의 말씀을 전했지만 청중이나 그 가족들에게 개인적인 관심을 기울이지는 않았다. 그의 목회를 통해서 믿게 된 사람들 중 어느 누구도 조지 헌터의 상냥하고 따뜻한 기질 때문에 믿게 되었다고 말하는 사람은 없었다. 그렇지만 그는 결코 빠트리는 일 없이 신실하게 그들 모두를 위해서 규칙적으로 기도했다.

그 생명의 씨앗들이 어떤 열매를 맺었는지 그 결과를 측정하는 것은 거의 불가능할 것이다. 그러나 여기저기에서 영적인 추수의 증거들이 명백히 드러났다. 깐수의 중국 내지 선교회 선교사인 A. 무어 목사는 퍼시 매더를 신장 지역까지 배웅한 적이 있었는데 다음과 같은 경험을 했다.

> 1914년 초에 중국 북서쪽을 여행하는 동안 우리는 푸룬지라고 불리는 한 마을에서 하룻밤을 지내게 되었다. 씻고 차 한 잔을 마신 후에 우리는 복음을 전하려고 거리로 나갔다. 내가 구원의 메시지를 전하고 있는데 한 노인이 붐비는 청중을 밀치고 가운데로 들어왔다. 그는 꽤 밝고 행복해 보이는 얼굴로 이런 말을 하는 것이었다. "아니, 똑같잖아!

다르지 않네, 완전히 같아!" 그는 나에게나 곁에 있는 사람들에게 말하는 것이 아니라 혼잣말을 하고 있었다. 그냥 자기 생각을 큰소리로 내뱉고 있던 것이었다. 내가 하는 모든 말에 이런 식으로 반복해서 대꾸했다. 여관으로 돌아오면서 우리는 이 남자에 대해서 이야기하며 편의상 그를 '똑같은 씨'라고 불렀다.

저녁 식사를 마친 후에 잠자리에 들려고 하는데 문에서 노크 소리가 들려 나가보니 놀랍게도 바로 그 '똑같은 씨'가 거기에 서있었다. 중국인들의 예절에 상응하는 일상적인 인사를 나눈 후에 나는 그에게 세상의 구원자이신 그리스도에 관해 설교하기 시작했다. 그는 매우 인내심 있게 듣고 있었지만 한 단어를 듣고는 이야기에 끼어들었다.

"정말로 우리들은 형제들이요."

"글쎄요, 형제간이라고 말할 수 있는 유일한 전제가 한 가지 있는데 그것은 바로 주 안에서 형제가 되는 것이지요."

"우리는 같은 하나님을 예배하기 때문에 형제인거요."

"전에 복음을 들어 본 적이 있습니까?"

"아니오"

"나는 복음에 대해 설교하는 것을 들어 본 적은 없소."

"그러면 예수님과 복음에 대해서 당신이 무엇을 알고 있는지 우리에게 이야기해 주십시오."

그는 다음과 같은 이야기를 해주었다.

"7~8년 전에 한 외국인이 신장으로 가는 길에 우리 마을을 지나갔소. 나는 농장에서 일을 하고 늦게 집으로 돌아가고 있는 중이었지요.

길을 건너고 있는데 이 외국인이 나를 불러 세워서는 책 한 권을 주며 말했어요. '어르신, 이 책을 드리고 싶습니다. 이걸 집에 가져가서 읽어 보십시오. 거기에는 진리가 담겨 있습니다!' 그는 나이가 들었고 턱수염을 기르고 있었는데 이전에 본 적이 없는 사람이었소, 하지만, 나는 그 책을 집에 들고 갔고 그것을 읽고서 나는 내 우상들을 없애고 문에 붙여진 부적들을 떼서는 찢고 불태워 버렸소. 그리고 나는 내 친척들과 내가 속한 세 군데 비밀 모임에 가서 예배를 드렸소. 그때 이후로 나는 그 책의 하나님을 예배해왔소."

우리는 그의 이야기를 듣고 매우 놀라 그의 인생을 완전히 바꾼 그 책의 이름이 무엇인지 물었다. 그는 대답했다.

"그것은 요한복음이라는 책인데 오늘 저녁 이 마을에 들어와서 당신의 설교를 들었을 때 깜짝 놀랐소. 왜냐하면 당신이 하는 모든 말이 그 책과 똑같았기 때문이라오. 다른 게 하나도 없어. 완전히 똑같단 말이요."

우리는 다른 어떤 날 선 검보다 더 빠르고 힘 있고 날카로운 하나님의 말씀의 능력으로 인해 함께 기뻐했다. 말할 필요도 없이 길에서 만나 그 남자의 손에 책을 쥐어준 그 외국인은 조지 헌터였다.

퍼시 매더와 세 여 선교사들의 휴가기간 동안 신장의 여러 마을에서 모이고 있는 시베리아 비국교도들의 모임에서 러시아어 성경책이 많이 필요하다는 보고가 런던의 성서 공회에 전달되었다. 그것은 헌터에게 큰 기쁨이었다. 성경이 한 권 밖에 없어서 사람들이 모이면 리더가 성경을 읽어줘야 했다. 성서 공회는 이러한 필요에 대해 듣고서 즉시 러시아어 성경을 많이 인쇄하여 우루무치에 보냈다. 헌터는 다음과 같이 감사했다.

"러시아어 성경을 보내주셔서 매우 감사합니다. 이곳에서 매우 큰 도움이 되고 있습니다. 두부르진에서는 여기저기에서 '비블리! 비블리! 비블리를 한 권 살 수 있을까요?'라는 말을 쉽게 듣고 있습니다. 또한 우루무치에 있는 러시아 군인들도 마찬가지입니다. 매주 일요일 마다 저는 '비블리, 비블리'라고 외치는 요청을 듣습니다. 이 책들은 런던에서 도착한 이래로 아주 소중하게 사용되고 있습니다. 비록 비블리를 외치는 사람들을 만족시키려면 아직도 멀었지만 다급한 수요는 이제 충족이 되었습니다."

CHAPTER Seventeen 17장

다시 한 번, 그리고 그의 인생에서 마지막으로 헌터는 1931년에 상하이로 떠났다. 투르크-시베리아 열차는 이제 세르지오폴에서 노보 시비르스크까지 운행을 하고 있어서 투르키스탄 국경에서 하얼빈으로 가는 시베리아 횡단 열차로 갈아 탈 수 있도록 연결되어 있었다. 지나간 세월 겪어 왔던 어려운 환경때문에 건강이 악화되었다. 어쩔 수 없이 해안 도시에서 병원 치료를 받아야 했지만 어떤 것도 그를 신장에서 떼어 놓을 수는 없었기에 그는 고통이 완화되기만 하면 곧 우루무치로 다시 돌아갈 계획을 세우고 있었다. 하지만 1932년 초에 그의 출발을 지연시킨 사건이 상하이에서 일어났다.

극동지역에서 전쟁의 조짐이 처음 나타난 것은 몇 달 전이었다. 일본이 만주 사변을 일으켜서 그 지방을 침략해 식민지로 삼은 것이었다. 그 첫 공격에 이어 그 후 10년 간 일련의 선전포고도 없는 전쟁들이 뒤따라 일어났다. 침략의 명분은 일본 상품의 불매운동 때문이라고 했다. 중국인의 수준을 일본인들의 우월성에 맞추어 끌어올리기 위해 전쟁을 한다는 것이었다. 상하이에 거주하는 사람들은 하루아침에 자고 일어나보니 자국 도시와 외국인 조계지가 일본인들에게 폭격을 당해 있었다. 하지만 이 명분 없는 전쟁의 기간은 길지 않았다. 3월 말에 미국이 개입하여 거의 1937년까지 휴전을 하게 되었다.

헌터가 회복되어 다시 움직일 수 있게 되었을 때는 중국 내지 선교회에서 신장에 관한 새로운 선교 전략이 나왔다. 아니, 새로운 전략이 아니라 20년 넘게 중지 상태에 있었던 전략이 갑자기 시행된 것이었다. 헌터는 최근에 막 영국에서 도착한 여섯 명의 젊은이들을 우루무치로 데려가야 했다. 언어 훈련을 돕고 신장 부족을 대상으로 사역할 그들에게 중앙아시아의 독특한 선교 상황을 소개해 주어야 했다. 반면 퍼시 매더는 그 지방이 정치적으로 위태로운 상황이기 때문에 이렇게 많은 인원을 한꺼번에 늘리는 것은 시기적으로 부적절하다는 경고의 글을 전보로 보냈다. 그러나 그 젊은이들은 이미 헌터와 함께 신장을 향해 떠난 후였다.

조지 헌터는 젊은 사람들을 노련하게 다루어 그들이 기꺼이 그의 원칙을 받아들이도록 하는 재주가 없었다. 그는 30년 전 유럽을 떠나 왔고 그 기간 동안 젊은이들의 정신 상태는 급격히 변하였다. 그가 예외적으로 후임 사역자를 받아들인 동역자는 퍼시 매더뿐이었다. 매더는 선임 선교사의 원칙들을 기꺼이 이해하고 받아들여서 곧 완벽하게 마음이 맞는 동료로서 지낼 수 있었다. 이 젊은이들은 현대 젊은이들이 관심을 가지는 활동들에 매우 뛰어났다. 한 명은 모터 엔지니어의 경험이 있었고, 또 다른 이는 훌륭한 운전수였는데, 여행 준비에 관한 한, 헌터의 경험은 새로운 모험에 아무 쓸모가 없었다. 상하이를 떠날 때쯤 그들은 두 대의 포드 자동차 트럭을 구해서 전 일행을 싣고 이전 세대들에게는 잘 알려지지 않은 몽골땅을 지나 새로이 알게 된 자동차 길을 따라 갔다. 곁에 가던 낙타 카라반들은 저 뒤로 쳐졌고 약 21시간 만에 자동차로 안전하게 하미에 도착했다. 북서쪽 전체 지역이 무슬림 구데타를 위한 준비로 득실거려 이곳은 매우 위험한 상황이었다. 마쭝잉이라는 젊은 반군지도자는 퉁간 군대를 집결시켜서 비정규군을 모아 신장으로 막 쳐들어가려고 하고 있었다. 추종자들이 그를 신장 지역의 통치자요, 무슬림 지역 지도자로 삼으려는 것이었다. 낡은 정권은 반군의 무서운 통치에서 자신을 구해 낼 방안을 찾지 못했다. 기댈 수 있는 유일한 외부세력은 러시아였다. 그러나 러시아는 즉각적으로 대응은 해 주었지만 도와주는 이상으로 여러 방식으로 제재를 하였다.

여섯 명의 젊은 영국인들이 도착한 것은 그냥 묵과할 수 없는 일이었다. 그들은 조지 헌터가 간첩을 데려 온 것으로 의심하였다. 모든 것이 평화로웠던 동안에는 선임 선교사 밑으로 단 한 명의 젊은 선교사도 사역하러 오지 않았는데 왜 이 위태로운 시기에 온 것인가? 두 명의 중국어 지식이 있는 경험자들이 이 베테랑 선교사를 우루무치로 다시 에스코트해오는 것이었다면 상황이 쉽게 설명이 되었겠지만 여섯 명이나 되는 젊은이들이 정치적인 의미 없이 이곳에 도착했다는 것은 비밀경찰로서는 도저히 납득할 수 없는 일이었다. 새로 온 신임 선교사들은 이른 아침에 차를 타고 나와 마을로 들어가거나 마음대로 등산을 하는 등 일상적인 일들을 했다. 때때로 무선 전신국을 지나거나 그 넘어서까지 나가기도 했는데 모든 반역자들을 감시하도록 훈련받은 비밀경찰들은 이런 일 하나하나를 주의 깊게 감시했다. 중국의 훨씬 더 서구화된 지역에서도 아무 일 없이 마을을 십리이나 걸어갔다 오는 일은 도저히 이해할 수 없는 습관이었다. 그런데 이 젊은이들은 바로 그런 행동을 했다. 그리하여 모든 것은 예상대로 눈에 잘 안 띄는 고용 요원들에 의해 상부에 보고되었다. 의심스러운 행동에 대한 보고를 얼마나 자주 하느냐에 따라 승진이 결정되었고, 대부분은 이러한 보고는 은밀히 문서로 이루어졌다.

    정치적인 상황이 급속히 악화되어 신장은 곧 내전의 극심한 고통을 겪게 되었다. 젊은 반군 지도자인 마 장군은 재빨리 군대를 데리고 우루무치 성문에 나타났다. 정부군이 무슬림 주민들과

닥터 피셔바흐

접전을 벌이던 때에 마을의 길가에서는 대학살이 자행되었다.

모든 공공건물마다 응급 병원이 설치되었고 이 젊은이들은 이제서야 그 진가가 드러났다. 그들 중 한 사람은 자질이 충분한 의료인이어서 육군 병원을 감독해달라는 그들의 요청을 수락하고 자기 동료들을 적십자 봉사자로 등록시켰다. 그들은 한 사람도 예외 없이 모두 몸을 사리지 않고 일했지만 의사 한 사람으로는 너무나 감당하기 벅찬 일이었다. 동양의 행정 방식에 좀 더 익숙한 사람이라면 그 상황을 잘 견뎌낼 수 있었겠지만 유일한 외과의사가 자기밖에 없는 데다 그에게 일을 시작하도록 부탁한 정부로부터 효율적이고 훌륭한 지원을 기대할 수 없는 상황에서 부상자들과 발진티푸스 환자들로 들끓는 병원을 운영해야 하는 중압감은 이 젊은이가 견뎌내기에 너무 힘든 일이었다.

그리고 조지 헌터에게 가장 치명적인 일이 닥쳤다. 퍼시 매더가 매우 아픈 상태로 병원에서 돌아온 것이다. 그의 체온은 급속하게 올라갔는데 그것은 필시 매일 병원에서 병자들을 나르면서 끔찍한 열병이 옮은 것이 분명했다. 지난 6개월 간 그를 짓눌렀던 압박감 때문에 매더는 면역력이 예전 같지 않았다. 그는 평생 동안 자기 능력의 한계점에 닿을 때까지 모든 사람들을 도왔다. 우루무치에 있는 동안 식솔들은 4배가 늘었고 배고픈 사람들을 먹여야 하는 등 퍼시 매더가 책임져야 하는 일의 양이 엄청나게 늘어 있었다. 인격적인 영향력이 있었기 때문에 오직 그만이 매일 필요한 음식을 충분히 살 수 있었고 사람들이 도움을 청할 때도 모두 그에게 왔으며 젊은 의사의 통역관의 역할도 그가 수행해야 했다. 중간 중간 매더는 병원의 환자들을 돌아보며 아픈 사람들을 돕고 격려하고 권면했다. 3일 후에 의사 또한 같은 병에 시달리게 되었다. 사람들은 그가 다른 이들의 생명을 위해 싸운 것처럼 그의 목숨을 구하기 위해 최선을 다했다. 두 사람은 3일 간격으로 생을 마감했다. 그들의 공을 인정한 정부는 그들이 묻힐 수 있도록 성의 동문 밖에 땅 얼마를 내어 주었다.

퍼시 매더 묘비

피셔바흐 묘비

조지 헌터는 처음 얼마간 외롭고 몹시 괴로운 시기를 보냈다. 비통해하는 님기르의 도움을 받아 먹이를 찾아 날뛰는 늑대들이 무덤 주변을 어슬렁거리지 못하도록 손수 벽을 만들며 지냈다. 헌터는 매더의 몸이 너무 약해져서 장티푸스로 죽어가는 것을 알았을 때 자기 감정이 어떠했는지를 다시 만난 옛 친구들에게 말해준 적이 있었다.

"그가 죽어가는 것을 알고 나는 한 번 하나님께 크게 울부짖으며 자비를 구했지요. 그렇지만 기도 가운데 나 자신이나 매더씨나 우리를 향한 하나님의 뜻에 순종해야만 한다는 것을 깨닫고는 잠잠하게 그분의 결정을 받아들였답니다."

닥터 피셔바흐 장례

장례

CHAPTER Eighteen 18장

　퍼시 매더가 죽고 오랜 벗이 떠나자 우루무치의 집은 더 이상 예전과 같지 않았다. 모든 것을 흥미롭고 은혜 안에서 매우 가치 있게 만들어 주었던 밝고 쾌활하고 열정적인 동료는 더 이상 그곳에 있지 않았다. 하지만 조지 헌터는 일상적인 일을 해나가야만 했고 사역을 줄일 수도 없었다. 그리고 하나님의 뜻은 선하고 완전하고 받아들일 만하며 불평해서는 안 된다는 것을 기억하며 자기 자신을 훈련시켜 나갔다. 하지만 아무리 체념하려고 해도 짓누르는 상실감을 없앨 수는 없었다. 극도의 고통 속에서 그는 때때로 친구의 이름을 크게 외쳐 부르곤 했는데, 그런 후에는 다시금 하나님의 위엄이 자기 위에 내려오는 것을 느끼며 전지전능하신 분의 명령에 감히 불평했던 자기 자신을 꾸짖곤 했다. 몇 달이 지난 뒤 다시 한 번 사람들은 '우루무치의 노년 설교자' – 교역로의 사람들은 이제 그를 이렇게 불렀다. – 가 또 다시 오랫동안 익숙했던 길 위에서 자신의 작은 여행 수레를 이끌고 가는 모습을 보았다. 다시 한 번 그는 우루무치에서 카슈가르로 가는 두 달간의 여행길에 올랐다. 그곳에 있는 동안, 왕은 총영사를 통하여 그에게 대영제국 훈장을 수여했다. 그는 그것을 매우 영광스럽게 여기기는 했지만 아무에게도 그것에 대해 이야기하지는 않았다.

그는 고난에 단련되어 있었기 때문에 여전히 간소한 생활을 유지하였다. 그러나 한때 도움 없이 처리했던 많은 부분을 이제는 님기르가 맡아주었다. 세라이에 도착하자마자 모든 사람이 보기에도 헌터는 너무 노쇠하고 지쳐서 이전과는 달리 말들을 마구간에 넣는 일조차 지시할 수 없었다. 지나치게 피곤해 하며 항상 곁에 서있는 님기르에게 고삐를 건네고는 방으로 가서 휴식을 취하였다. 식사를 한 뒤 그는 활기찬 중앙아시아의 군중들 속에서 예비된 사람을 만나기 위해 손에 책을 들고서 시장으로 갔다. 길을 나서는 여정이 이제는 그에게 너무 벅찼다. 몇 주간의 여행을 마치고 집에 돌아오면 체력이 너무 고갈되어서 더 이상 책상 앞의 사무 처리는 하지 못할 정도였다. 기관지염이 여러 차례 찾아오는데 그것은 눈폭풍이나 눈보라에 노출되어서는 안 된다는 경고였다. 서서히 약해져서 자신이 나이가 들었다는 자각을 할 수밖에 없었다.

이때 예상치 못한 위로가 있었다. 그의 동료이자 친구인 퍼시 매더의 일생을 다룬 「선지자의 탄생(The Making of a Pioneer)」

이라는 책이 출간되었다. 그의 친구에 대한 마음의 무게와 애정을 알고 있는 작가들은 그가 이러한 책을 제작하는 것에 대해 화를 낼까봐 두려웠다. 그랬기에 조지 헌터가 다음과 같은 말을 했을 때 그들은 매우 안도했다.

"나는 매더씨에 관해서 이렇게 아름답고 신실하게 책이 쓰여 질 것이라고 상상하지 못했습니다. 이것을 읽으면서 노년을 편하게 보낼 수 있을 것 같습니다."

그는 어디를 가든지 항상 그 책을 가지고 다녔고 그것을 읽고 또 읽으면서 크나큰 위안을 받는 것 같았다.

그때쯤 우루무치의 사역은 미국인 출신의 경험 있는 선교사인 헤이워드 부부의 임명으로 힘이 실렸지만 그들이 신장에 머물 수 있었던 기간은 아주 짧았다. 정부에서 이 지역에 기독교 선교사의 사역을 더 이상 허락하지 않겠다고 결정했기 때문이었다.

이때부터 우루무치와 교역로의 생활환경이 급격하게 악화되었다. 물가는 치솟고 생활수준은 나빠졌다. 이러한 어려움보다도 더 성가신 것은 개인의 자유에 제약이 가해지는 것이었다. 아무리 가까운 거리를 여행하려고 해도 오랜 시간 지연되는 끝이 없는 절차가 필요했다. 편지를 전부 검열했기 때문에 국내외로 오가는 모든 편지에 이야기하고자 하는 내용의 많은 부분을 생략해야 했다. 헌터는 의도는 좋지만 조심성 없는 친구들에게 다음과 같은 경고의 글을 썼다.

"나는 X씨와 Z씨에게 이곳에 더 이상 편지를 보내지 말아 줄 것을 당부합니다. 그들이 편지를 써 보냈던 가정들은 공식적으로 수색을 당했고 사람들은 위험에 처해 있습니다. 당신이 보내는 편지는 괜찮습니다. 왜냐하면 안전하게 말하는 방법을 알고 있기 때문입니다."

지방 당국이 모욕적인 취급을 하기도 했다. 하루는 보초병들이 그의 집 문 앞을 지키고 서서는 허락 없이는 집 밖으로 나올 수 없다고 했다. 중국 관리들이 그에게 악감정을 가져서 그의 자유를 제한한 것은 아니었다. 중국인들과 관리들, 그리고 군중들은 처음부터 끝까지 그를 높이 존경했다. 하지만 지방 당국은 투르키스탄의 지배 하에 있는 상부의 지시에 따라야만 했다.

이전에 강한 이웃 나라에 도움을 청했던 것이 이제 결과적으로 자국민에게 대단히 불쾌한 방향으로 일이 전개되는 것이었다. 헌터의 집에서 일어나는 모든 것을 계속해서 감시하기 위해 정보원 한 명이 배치되었다. 모든 방문객의 이름이 명단에 기록되다 보니 결과적으로 방문하는 사람의 수가 현저히 줄어들었다. 그의 편지들을 샅샅이 검열하고 모든 움직임이 조사 대상이 되었다. 상황이 갈수록 나빠지자 모든 선교사들에게 그 지방을 떠나라는 조치가 내려졌다. 젊은 선교사들은 자기들이 할 수 있는 것이 아무것도 없음을 보고 명령에 순종하여 떠나갔다. 그러나 조지 헌터는 그렇게 하지 않았다. 자기는 하나도 법을 어기지 않았으므로 떠나지 못하겠다고 거절했다. 그러던 어느 날 비밀경찰이 그의 집 문을 위압적으로 두드리며 집 안으로 들어와 옷가지들을 싸라고 했다. 중요한 문제에 대해 심문할 것이 있으니 내무인민위원회(N.K.V.D 소련의 비밀경찰)의 본부로 따라오라는 것이었다. 그 후 그는 감옥에 수감되어 그곳에서 고문관이 고안한 가장 고약한 형태의 정신적인 고통을 견뎌야 했다. 헌터를 총살시키라는 명령이 자주 내려졌고 그는 시끄러운 스피커에서 요란하게 총성과 외침과 비명소리가 나오는 것을 들었다. 종종 그는 이전 동

돌 투성이 거친 길

료들이 혼자 또는 여럿이 부르는 소리를 들었는데, 그 목소리는 이전에 녹음을 해놓았던 것임이 분명했다. 헌터는 그들도 자기처럼 그 나라를 떠나지 않았으리라고 생각했는데, 사실상 실제 그들도 헌터처럼 감옥 안에 갇혀있었다. 때때로 그는 고문을 당하는 중국인 크리스찬들의 울부짖는 소리를 들었고 또 "헌터를 죽일 꺼야! 헌터는 죽어야 돼!"하며 미움에 차서 외치는 소리도 들었다. 이러한 형태의 고문은 대단히 고통스런 신경 반응을 일으켰다. 그때 그는 자기 자신에게 "나는 죽지 않고 살 것이다! 살아서 주님의 말씀을 선포할 것이다!"라고 크게 외쳤다. "당신은 스파이야."라는 말로 계속 기소하면, "아니오, 나는 예수 그리스도의 종이요!"라고 했고, "당신은 지도를 만들어서 당신 정부에 비밀 계획을 제공했어."하면 "내가 아는 것은 단지 그리스도의 십자가 밖에 없소." 라며 녹초가 될 때까지 거듭 반복해서 말했다.

같은 때에 수감된 한 로마 카톨릭 사제는 오랜 기간 고문을 당했다. 처음에는 11일간, 그다음엔 8일간, 그리고 마지막은 18일간이나 그 고문을 견뎌냈다. 당국은 무슨 수단을 동원해서든지 기를 쓰고 수감자가 반공산주의자이자 친일파라는 자백을 이끌어 내려고 했다. 재판관 중 두 명은 러시아인이었고 나머지도 러시아의 통제 아래에 있었다. 그들에게 제공된 하루 두 끼의 식사는 수수 오트밀이 전부였기 때문에 탈진이 되어 더욱 고통스러웠다.

13개월 간 수감되었다가 풀려나기는 했지만 헌터는 더 이상 신장에서 살 수 없었다. 우루무치에 있는 자신의 집을 한 번만 방문하고 떠나게 해달라고 간곡히 부탁했지만 거절당하고 곧바로 비행장으로 호송되었다. 그곳에는 비행기 한 대가 그를 깐수의 수도로 데려가기 위해 기다리고 있었다.

  란초우의 선교사들은 서로 자기 집으로 오라고 했지만 그는 어느 가정에도 가지 않았다. 선교사들은 그가 개신교 교회 근처의 작은 방 한 칸에서 생활하는 것을 고통스럽게 지켜봐야 했다. 이곳에서 그는 가장 싸고 빈약한 음식을 혼자 해먹으면서 우루무치에 있는 사랑하는 집에 돌아가게 될 시간만을 기다리고 있었

란초우 성벽

다. 그는 설교를 하고 책을 팔고 시장에서 사람들과 이야기를 했다. 그는 선교사 공동체의 기도와 성경 읽기 시간에 참여 했지만 일상적인 교제는 싫어했다.

그 후 한 번 마치 그가 사랑하는 주님께서 그에게 개인적인 축복을 특별히 내려주신 것 같은 일이 있었다. 침례교 선교사인 조지 영 목사가 순회 차 란초우에 온 것이었다. 두 사람이 만났을 때 곧바로 조지 헌터는 동료를, 조지 영은 영웅을 발견하였다.

오랜 시간 동안 두 사람은 함께 이야기를 나누고 기도를 했고 헌터는 신장에 돌아가는 날이 오면 조지 영이 그와 함께 갈 것이라는 희망을 간직했다. 친구들은 이 남자를 향한 헌터의 자연스러운 애정을 쉽게 이해했다. 왜냐하면 조지 영은 성격이나 외모뿐만 아니라 심지어 약간의 장난기까지도 이상하게 퍼시 매더와 닮아 있었다. 그 우정은 한 사람만의 일방적인 것이 아니었다. 헌터가 죽었을 때 이 새로운 친구는 그들이 함께 보낸 시간을 회상하며 다음과 같은 글을 남겼다.

우루무치 거리

CHAPTER EIGHTEEN_ 18장 183

CHAPTER Nineteen 19장

다음은 조지 영 목사의 글이다.

1944년 가을 깐수와 칭하이 지방을 방문하는 동안 나는 흥미로운 경험을 많이 하였다. 그 중에서도 그 여행의 하이라이트는 조지 헌터를 만난 것이었다. 이전에 만난 적은 없었지만 그의 글을 읽은 나에게 있어서 그는 몽고의 길모어, 한커우의 데이비드 힐, 로버트 모리슨과 다른 개척 선교사들 같은 영웅이었다. 그래서 그가 란초우에 살고 있다는 말을 듣고 기대감으로 흥분이 되었다. 다음날 나는 이 위대한 중앙아시아의 사도를 소개 받았다.

키가 크고 약간 구부정한 그 베테랑은 백발의 턱수염을 기르고 있었고 악수를 하며 환영의 의미로 나에게 환한 미소를 지어보였다. 방으로 안내하여 가보니 그곳은 진정 학자의 방이었다. 탁자와 의자, 그리고 벽에 걸린 먼지투성이 선반 위에는 온통 책들이 흩어져 있었다. 책상 위는 영어와 중국어, 그리고 다른 언어로 된 성경책들과 그것을 번역한 종이들로 어질어져 있었다. 헌터씨는 다 낡아 해진 긴 외투와 오래된 트위드 수트를 입고 있었는데 겉모습에 대한 인상은 곧 사라지고 그 사람 자체의 매력이 크게 부각되었다.

그에게는 세상 사람들의 주목을 끄는 매력은 없었다. 업적이나 능력으로도 깊은 인상을 주지 못했고 그렇다고 성격이 인상적이거나 매력적이지도 않았다. 소위 '잘 어울리는 사람'도 아니어서 다른 선교사들과 떨어져 살면서 길거리에서 음식 재료를 사서 스스로 해먹었다. 겉으로 보이는 것으로 판단하는데 익숙한 사람들은 그를 늙은 괴짜 정도로 치부하고 정중하게 그를 무시해버릴지 모르지만, 어린아이와 같은 눈으로 보면 헌터는 매우 질서 있는 영적 거장이었다. 그에게는 뭔가 거대하고 영감을 주는 것이 있었다. 그 얼굴과 태도는 한 번만 보아도 하나님의 사람이 지닌 순백의 순수함과 빛나는 고상함이 드러났. 사역에 관해 이야기할 때면 그에게서 생기와 부드러움이 내뿜어져 나왔다. 몇 가지 재미있는 사건들을 회상할 때는 눈이 유쾌함으로 반짝거렸다. 그는 확실히 삶을 즐길 줄 아는 사람이었다. 그의 안에 사는 이는 그리스도이셨고 매일 주님과 동행하며 살기 때문에 생기가 있고 깨어있었다. 헌터씨는 83세의 노인임에도 불구하고 매우 똑똑했다. 그의 마음은 활기찼고 지난 모험들을 회상하는 것을 보면 기억력이 매우 좋았다. 그는 참으로 재미있는 이야기꾼이었다. 여행, 지리, 탐험 그리고 언어에 관해서 아주 다방면으로 흥미를 가진 사람이었다. 또한 그의 이야기에는 하나의 지배적인 주제가 있었다. 그것은 바로 하나님의 뜻이었는데 그에게 주어진 하나님의 뜻은 가난한 신장 사람들에게 예수 그리스도의 복음을 가지고 가는 것이었다. 나에게 인상 깊었던 것은 바로 그의 성실함이었다. 나는 그가 목적을 향해서 지녔던 내면의 단순함이 좋았다. 그것은 의식하지 않아도 저절로 드러났다. 그는 많은 것을 하여 어수선해지는 사람이 아니었다. 그는 이세상의 것들에 얽매이지 않고 단지 하나님의 뜻을 이루기 위해서 살았다. 다른 모든 것은 이 좁은 길로 가는 길에 묻어버렸다. 운동 선수와 같이 자기 삶에서 모든 편안함과 사치를 잘라내 자신의 육체를 강인하게 훈련했다. 그리하여 극심한 고통과 몹시 힘든 상황에도 익숙해져 있었다. 이야기를 하고 있는 동안 나는 성인(聖人)과 대화를 나누는 귀한 영광을 누리고 있는 느낌이었다.

헌터는 남의 시선을 의식하여 경건한 체하거나 번지르르한 말을 하고 친절하고 다정하게 대하는 성인이 아니었다. 부드럽거나 감성적이지 않고, 오히려 천성적으로 화강암이 많은 산악 도시 애버딘 출신의 단호한 스코틀랜드인이었다. 애버딘의 화강암은 햇빛에 반사되어 희고 깨끗하지만 발을 조심하지 않으면 심하게 다칠 수도 있다. 조지 헌터도 그랬다. 그는 함께 지내기 쉬운 사람은 아니었다. 강한 가치관과 확고한 믿음, 그리고 자신이 옳다고 믿는 것을 향해 완강한 결단력을 가지고 가는 사람이었다. 헌터는 주님의 제자에 대하여 자신 뿐 아니라 함께 지내는 사람에게도 높은 기준을 가지고 있었다. 중앙아시아에서 그는 사람의 변덕스러운 마음에 대하여 예리한 통찰력을 갖게 되었고 그 때문에 좀체로 자신의 속마음을 내보이지 않았다. 그는 겉으로 보이는 것을 믿어서는 안 된다는 것을 경험에서 배웠다.

나는 우리가 서로 다른 선교회 소속이고 서로 함께 한지 10일 밖에 되지 않았는데 왜 그가 이토록 관대하게 마음 깊은 곳의 생각을 나에게 이야기하는지 계속 궁금했다. 서로에게 끌렸기 때문에 함께 더욱 깊은 대화와 기도를 하게 되었고, 그러는 동안 나는 그를 이해하고 사랑하게 되었으며 그의 생각을 존중하게 되었다. 비록 분명히 거리를 두고는 있었지만 그것은 우월감에서 비롯된 것이 아니라 의심할 여지없이 평생을 사막에서 고독하게 보내어 인간 사회에서 어울리는 것이 스스로 수줍고 어색했기 때문이었다. 그는 겉으로 요란하게 나타내 보이지는 않았지만 천성적으로 매우 다정한 사람으로 지난 10년 동안 퍼시 매더라는 이상적인 파트너와의 강한 동료애를 무척이나 그리워하고 있었다. 그래서 퍼시 매더와 그들이 함께 했던 사역에 관해서 이야기를 많이 했다.

헌터씨는 신장의 다양한 부족들과 인종들, 북쪽에 있는 규모가 큰 러시아인 공동체, 그리고 특히 러시아 침례교도들에 관해서 이야기해 주었는데 나는 특히 러시아 침례교도들에게 관심이 갔다. 그는 굴짜, 추구착, 그리고 다른 중심 도시에서 러시아 교회들을 방문했던 일을 생생하게 묘사해 주었고 그곳 기독교인들의 열정과 믿음에 감사하며 뭉클해했다. 그가 이야기하기를 굴짜에는 200여 가정의 엄격한 기독교 공동체가 있는데 그들은 공산주의자들의 극심한 박해를 견뎌오고 있으며 개신교회를 세우기 위해 전문적인 지도와 영적인 도움을 필요로 하고 있다고 했다. 그는 이 러시아인들에 관해서 매우 큰 애정을 가지고 있었다. 종이 표지로 된 러시아 찬송가 파일을 직접 복사한 것이라면서 나에게 보여주었는데 그것을 그 사람들에게 보내길 희망하고 있었다. 신장 북서쪽에 사는 러시아 비국교도 오천여 명의 영적인 안녕이 그의 마음속에 짐으로 남아 있는 것이었다.

또 한 번은 북서쪽에 있는 교회들을 뒤흔들어 찢어놓고 있는 부흥 운동에 대한 나의 입장이 어떤지를 물었다. 지난 7년간 산시에 있던 우리 교회가 슬프게도 이 사람들에 의해서 파괴되었기 때문에 나는 경험을 바탕으로 이야기할 수 있었다. 그는 내가 말하는 것에 흥미를 보이며 내 입장에 동의했다. 그는 훨씬 더 완고하게 반대하는 입장이었다. 중국 교회에서 나타나고 있는 이러한 얕은 감정적인 경건이 대단히 위험하다고 매우 단호히 말하며 흥분, 육체적인 열정, 비전, 예언 그리고 표적에 속아 넘어가는 것에 대해 경고했다. 그는 그 모든 것들이 사단의 속임수라고 했다. 그는 성경을 바탕으로 사도의 시대는 지나갔고 그러므로 표적, 기사, 그리고 예언은 지나간 것들이라고 주장했다. 이러한 이단 부흥 운동가들은 교회를 망가뜨리기 때문에 배척해야 한다고 했다. 그들은 심지어 신장에서 훨씬 먼 곳까지 퍼져갔기 때문에 그곳 기독교인들의 믿음도 염려하고 있었다. 그는 엄격한 도덕성이 없는 종교를 싫어했다. 그는 진정한 교회는 감정과 무지 위에서가 아니라 하나님의 말씀을 아는 지식과 그 말씀을 매일 실제적으로 순종하는 삶을 살아가는 것 위에서 번창해야만 한다고 주장했다. 천성적으로 그에게 약간의 감정적인 부분은 있었지만 감정적인 사람은 아니었다. 오히려 영적인 현실주의자였다.

우리는 신장에서의 사역과 필요한 사역자들의 부류에 대해서 오랜 시간 동안 함께 이야기를 했다. 그는 이 주제에 관해서 아주 좋은 조언을 해주었다. 나는 일기에 그가 언급한 것의 요점을 받아 적었다.

'신장의 선교 사역은 중국의 사역과 비교할 때 여전히 초기 단계에 불과하다. 광활한 지역이 복음화 되지 않아 개척 사역을 필요로 하고 있다. 그곳에 흩어져 있는 기독교인 그룹들이 강력하고 연합된 교회 안에서 세워져 나가고 뭉쳐져야 한다.'

그는 그의 사역이 땅을 파 일구어서 씨를 뿌린 것이며 비록 자신이 약간의 푸른 싹이 돋아나는 것을 볼 수 있었지만 추수하기에는 여전히 오랜 시간이 필요하다고 말했다.

이 단계에서는 많은 선교사들이 필요하다. 이러한 선교사들은 믿음이 신실하고 각기 다른 종류의 사역에 전문성을 지녀야하지만 한 가지 목적 아래에서 연합되어야만 한다. 나는 그에게 '적합한 종류의 선교사들'이 의미하는 바가 무엇인지를 물었다. 그는 이 질문이 수 년 동안 그의 마음을 차지하고 있었다고 하며 이 주제에 대해서 매우 강력하고 솔직하게 말해주었다.

그는 무슨 일이 있어도 신장에 새로운 선교사들을 파송해야 한다고 강조했다. 몇 년 전에 여섯 명의 신임선교사들이 티화에 와서 그와 함께 사역했지만 그것은 실수였다고 했다. 그 젊은 사역자들의 열정과 용기는 칭찬할 만했다. 그러나 비록 그들 잘못은 아니지만 그 선교사들은 그 지방의 복잡하고 취약한 정치적인 상태에 대해서 무지했고 다른 인종 그룹의 지역적인 상황과 관습에 대한 지식이 없었다. 그 결과 좋은 의도의 선한 행동이나 피해를 주지 않는 행사도 사람들에게 쉽게 오해를 살 수 밖에 없었다. 그래서 사역이 더욱 어려워졌다. 그는 이점에 대해서 매우 강하게 느끼고 있었다.

그는 선교 전략과 전술에 대해서 훌륭하게 이해하고 있었고 선견지명이 있었다. 신장으로 다시 돌아갈 계획을 세워 놓고 해야 할 여러 가지 사역과 필요한 사역자의 유형을 계획하고 있는 이 위대한 83세의 노병에게는 사도적인 무언가가 있었다. 그가 겪는 고통이나 수감생활, 외로움, 양피지와 번역본과 그의 귀중한 책을 잃어버린 일 등 그 어떤 것도 그가 이미 세운 목표를 향해 나아가는 것을 막지 못했다. "나는 반드시 돌아가야만 하오." 그는 이곳에 머물길 권유하는 사람들에게 이렇게 이야기했다. 나는 그를 존경의 눈빛으로 잠잠히 바라보며 나는 기꺼이 그와 함께 갈 것이라고 말해주었다. 그는 나의 제안에 감동을 받으며 더 이상 바랄 것이 없다고 했다. 하지만 그렇게 되지 않았다. 신장은 여전히 선교사들에게 닫혀있었고 나의 친구이자 영웅은 성자들의 영광에 합류했다. 나에게 조지 헌터를 만날 수 있는 값진 영광을 주신 하나님께 감사드린다. 단지 더 바랐던 것이 하나 있었다면 퍼시 매더의 뒤를 이어 내가 그의 동료 사역자가 되는 것이었다.

그리스도께 헌신된 그의 위대한 삶의 비밀은 그가 좀처럼 이야기하지 않은 어떤 것에 있었다. 그것은 바로 훈련된 기도의 삶이었다. 매번 이야기를 나눈 후와 잠자리에 들기 전, 그의 침대 옆에 함께 무릎을 꿇고 하늘의 아버지께 기도했다. 그것은 우리의 습관이었다. 이러한 거룩한 경험은 말로 할 수 없을 만큼 성스러운 것이었다. 이 사람의 하나님 앞에서의 놀라운 겸손과 대담함, 무언가를 간구할 때의 신실한 믿음, 전 세계를 품는 중보기도의 넓은 영역, 그리고 가장 먼저 오직 하나님 나라를 구하는 열정은 나를 질책하였고 나에게 감명을 주었다. 헌터 씨는 나에게 그가 인식하고 있는 것보다 더 많은 것을 주었고, 그가 알고 있는 것보다 더 많은 것을 나에게 가르쳐주었다. 내가 이 글의 처음부터 끝까지 이야기하고 있는 사람은 눈을 하나님께 고정하고 하나님과 동행하는 것을 기쁨으로 삼고 하나님의 뜻에 순종하는 순수한 중심을 가진 사람이었다.

이 영웅적인 영혼에 대한 나의 마지막 인상은 마치 어떤 역경을 뚫고라도 '정상을 향해 힘차게 나아간' 에베레스트 산의 첫 정복자와 같았다. 오직 꼭대기 외에는 아무 것도 그를 뒤돌아서게 할 수 없었다.

후에 조지 헌터는 그리운 신장으로 다시 들어갈 수 있기를 바라고 다시 한 번 북서쪽으로 난 여행길에 올랐다. 깐초우에 도착하니 그곳에는 중국 기독교인들의 집단 거주지가 있었다. 그는 지방 경계를 넘어 들어갈 수 있을 때를 기다리면서 이곳에 머물렀다. 하지만 그가 바라던 일은 결코 일어나지 않았고 그는 그 깐초우에서 생을 마감하였다. 믿는 식구들이 그를 반겨 맞아주었고 그가 아플 때에도 간병을 하면서 돌보아 주었다.

마지막에 그는 옆에 충복 한 명을 둘 수 있었다. 이 하인은 세 여선교사들과 함께 멀리 우루무치까지 올라갔다가 거기에서 공식적인 허가 없이 그 지방을 떠났다는 혐의를 받고 체포되어 몇 년간 감옥에 갇혀 있었다. 풀려난 후 그는 헌터의 집으로 돌아와 그를 수종들었고 그가 충성스럽게 수종을 들어 주어 뒤이어 찾아온 어두운 시기에 큰 위안이 되었다. 그는 깐초우 토박이로 그의 나이 든 주인이 북서쪽 여행길에 다시 올랐다는 말을 듣고는 그에게 가서 힘이 다하는 마지막 때까지 그의 곁을 지켰다. 1946년 12월 중순쯤에 깐초우에 있는 사람들은 조지 헌터가 급속히 쇠약해져가는 것을 알고는 그 사실을 동료 선교사들이 살고 있는 란초우에 긴급히 전했다. 그 소식이 전해졌던 12월 20일, 깐초우의 우체국에 한 번 더 전화가 왔다. "헌터씨와 관련된 최근의 소식을 알기 원합니다."라는 문의였다. 곧 답이 전해졌다. "연로하신 목사님이 사망했습니다. 몇 분 전에 마지막 숨을 거두었습니다."

그의 주검은 기독교인 거주지의 모퉁이에 매장되었다. 그는 신장에 다시 복음의 문이 열리는 날을 기다리며 바라고, 바라면서 또 기도했다. 하지만 다시 그곳에 들어가는 것은 그에게 맡겨진 임무가 아니었다. 인간이 정한 법령은 서양 선교사에게 그 문을 닫았지만 인간의 오만한 명령에 지배받지 않고 바라는 곳은 어디든 다니시는 성령님께는 그렇지 않았다. 조지 헌터가 그의 길고 힘든 여행이 헛되었던 것은 아닌지 자신에게 질문한 적이 한 번도 없었다고 한다면 그는 사람도 아니었을 것이다. 그러나 그는 바로 하나님의 말씀을 먹고 산 사람이었다. 하나님의 말씀은 믿음 없는 경우를 제외하고는 실패하는 경우가 없다. 한 줌의 씨앗이 헌터라는 사람에게 맡겨졌고 그는 그것을 그의 방식대로 뿌렸다.

"땅에는 곡식이 충실하고… 그것의 열매가 레바논 같이 흔들리며… 주의 손이 그 일을 하시며… 주의 이름을 송축할지어다."

롭으로 가는 길의 모래 언덕

CHAPTER Twenty 20장

　그리고 이제 퍼시 매더 뿐만 아니라 조지 헌터도 이 땅의 전투적인 교회에서 죽음 이후의 승리의 교회로 옮겨졌다.

　보기 드문 역량을 지녔던 두 명의 개척 선교사들은 한 어두운 땅에 드리워진 미신과 편견의 엉킨 덤불을 태우고 그 흔적을 남긴 채 세상을 떠났다.

　 그들에게는 공통된 특징이 있었는데 분명한 삶의 목표를 우선순위에 두고 가장 중요한 그것을 위해서 다른 모든 것은 지배하고 통제하는 단호함이었다. 윙클맨의 말대로 그 중심의 열정을 관통하지 않은 그 어떤 것도 삶에 허용될 수 없었다. 그들에게 있어서 그 중심의 열정은 그리스도와 각자의 삶을 향한 그분의 부르심을 아는 것이었다. 그들은 그리스도께 완전히 사로잡힌 진정 크리스천이었다. 하나님의 대사와 증인이 되는 것은 그들에게 가장 큰 영광이자 모든 사람에게 베풀어진 가장 위대한 특권이었다. 그들은 심지어 그 분의 고난에 참예하는 것마저 깊이 즐거워했고 집이 없고 춥고 박해를 받거나 괄시를 받을 때마다 그들은 마음의 기쁨을 누렸으며 그러한 경험들을 참고 견디는 것을 가치 있는 것으로 여겼다.

그들은 영광스러운 복음에 대해 설교를 할 때 하나님의 영이 그들과 함께 일하시기 때문에 추수는 확실하고 분명하다고 믿었다. 주님과의 교제의 시간을 통해 말씀의 의미를 분명히 이해했다.

"또 이 무리에 들지 아니한 다른 양들이 내게 있어 내가 인도하여야 할 터이니"

그들은 이 말씀 때문에 잃어버린 자들을 찾아 가장 먼 곳, 삶 그 자체가 종종 위험에 처하게 되는 가장 미개척지의 부족들에게로 이끌려 갔다.

이러한 높은 부르심을 더 잘 성취하기 위해서 그들은 가장 혹독한 훈련 속으로 자신을 밀어 넣었고 어떤 것일지라도 자기 삶에 사치스러운 것을 허락하지 않았다. 그들이 잠을 자던 방에는 딱딱한 침대와 생필품 외에는 아무것도 없었다. 항상 '임무 수행 중'이라고 말할 수 있을 정도였던 것이다. 매일의 식단은 아침엔 죽, 점심엔 삶은 양고기 작은 조각, 그리고 무엇이든지 남는 것이 있다면 그것이 바로 저녁식사였다. 이것이 1년 365일 그들의 식탁에 제공되는 메뉴의 전부였다.

어느 누구도 총각들이 사는 집에 대해서 '쓸데없는 말'을 퍼트릴 기회를 주지 않기 위해서 두 사람 모두 저녁에 집을 비워야만 하는 초대에는 결코 응하지 않았다. 그들은 항상 저녁 9시까지는 각 자의 방에 머물러 종종 자정까지도 그곳에서 일을 했다. 우루무치의 선교관에는 때때로 그들을 방문하곤 했던 유명한 과학자들을 즐겁게 해 줄만한 것은 아무것도 없었다. 그러나 이 유명 인사들은 자기들이 이 두 사람이 사는 곳에 받아들여졌다는 것 자체가 영광이라는 것을 깨달았다. 손님들에게 제공되는 것이라고는 중국 케이크 한 조각과 차 한 잔이 전부였고 점심때까지 머물러 있던 사람들은 틀림없이 그들이 왜 그렇게 궁핍한 음식을 먹는지 궁금해 했을 것이다. 그럼에도 불구하고 가장 학식이 뛰어난 사람들조차도 두 선교사와 이야기를 하고 있으면 어느새 자신들이 학습자의 입장이 되어있는 것을 발견하곤 했다. 그들은 이 세상에서 가난하기는 했어도 오래된 양복과 빛바래고 찢어진 외투를 더 좋은 것으로 대체하기가 그리 어려운 일은 아니었다. 그들의 선교 후원 송금액이면 충분히 이러한 필요를 채울 수 있었다. 하지만 그들은 성경을 등사판으로 인쇄할 때 필요한 종이를 사거나 번역을 돕는 물라들에게 대가를 지불하는 일에 돈을 사용하는 것이 더 시급하다고 판단했다. 보물을 하늘에 쌓아둔 부자였던 것이다. 그곳에서는 좀과 동록이 해하지 못하고 도둑이 구멍을 뚫고 훔쳐가지도 못한다. 그들은 그곳에 훨씬 좋은 투자를 했고 그 원금에 누적된 이자를 열망했다.

그들은 매일 하나님께서 그들에게 제공해주시는 빵으로 풍성함을 누렸고 음식이 하늘 아버지로부터 직접 내려온 선물임을 알았기에 쌀밥 한 공기도 기쁨으로 먹었다. 그 개척자들은 미식가들이 즐기던 그 어떤 세련된 식사에 못지않게 자기들의 소박한 식사를 즐거워했다. 그들은 자신들의 삶과 걸음이 신자나 비신자를 막론하고 양쪽에 전부 귀감이 되어야 했고, 죄가 판을 치는 세상에서 자기들은 온전히 흠이 없어야 했다. 그런 삶은 사회와의 완전한 결별을 필요로 하기도 했다. 이렇게 분리된 삶을 살았기 때문에 많은 사람들에게 오해를 사기도 했다. 인생의 여정에서 이렇게 완전히 세속과 분리된 딴 세상을 접하기란 비록 선교사 사회 안에서라고 해도 쉽지 않았기 때문이었다. 선교사 가운데에서 이런 사람들이 더욱 많으면 좋으련만 이렇게 힘든 곳에서 대가를 지불하며 살려고 하는 사람이 너무 적고 심지어 어떤 선교사는 이러한 대가가 요구된다는 사실에 화를 내기도 했다.

그러나 헌터와 매더는 자기들이 인생이라는 거래에서 실패했다고 생각하지 않았다. 왜냐하면 이 독특한 동료애와 우정의 결과로 복음이 중앙아시아의 교역로 위의 외로운 유르트(중앙아시아 키르기스 지방의 유목민이 사용하는 천막-역주)에, 멀리 떨어진 라마 사원에, 그리고 자그만 이즈바(전나무로 만든 북 러시아 농촌의 통나무집-역주)에 전해졌기 때문이었다.

조지 헌터는 이렇게 쓰고 있다.

"어둠의 세력이 신장에서 일어나고 있고 우리는 우리를 향해서 전투 태세를 갖춘 어둠의 군대를 항상 느끼고 있다."

이토록 참되고 신실한 십자가의 군사들인 이 두 사람이 그들을 향해서 정렬한 어둠의 군대를 발견하지 못할 리 없었다. 그러나 그들은 영적인 무기로 무장하고 죽는 끝 날까지 잘 싸워 승리했다. 자기 목숨을 잃음으로써 얻은 것이었다.*

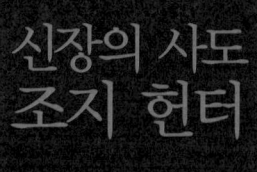

신장의 사도
조지 헌터

저자소개

| 저자 소개 |

밀드레드 케이블(1879~1952), 프란체스카 프렌치 (1871~1960)

왼쪽부터 에반젤린 프렌치, 프란체스카 프렌치, 밀드레드 케이블

「신장의 사도 조지헌터」의 저자 '밀드레드 케이블'과 '프란체스카 프렌치'는 여성 선교사로서 처음 중국 땅을 밟은 '에반젤린 프렌치(1869~1961)'의 동료요, 자매로 '트리오'라 불리던 중국 내지

선교 의 여성선교사 3인 중 두 여성으로 중국내지 선교회 에서 35년 이상 사역했다.

저자들은 중국 근대화에 일조하여 산시성에 여학교(호초우 여자성경학교)를 설립하고 중국 여성교육에 기여했다. 이후 그들이 가르치던 학생들이 국가로부터 모두 교사로 발탁되어 학교가 문을 닫게 되자, 그들은 이십여 년 간 중국인들을 섬기며 경륜을 쌓아온 정착된 기지를 떠나 미전도 지역인 중앙아시아의 무슬림들에게 복음을 전하기 위해 떠나는 것을 주저하지 않는다. 그 시점에서 세 여인은 사십대, 오십대의 중년에 이르러 있었음에도 불구하고 극도의 추위와 더위는 물론, 강도의 위협까지도 각오하면서 기꺼이 실크로드의 미지 여행길에 나선 것이다. 주님의 인도

밀드레드(중간 줄 오른쪽), 에반젤린(뒷줄 왼쪽), 프란체스카(뒷줄 오른쪽) 호초우 여자성경학교 학생들과 함께

하심을 구하며 이제까지의 사역 경험과 은사를 발휘하여 전략적, 조직적으로 여행을 계획하여 1,000마일이나 되는 찌우촨에서 우루무치까지 실크로드를 5번이나 왕래하고, 허시 회랑의 마을과 오아시스를 6번이나 방문한다. 이후 국제적 정치 상황으로 내키지 않는 은퇴를 하고 영국으로 돌아왔을 때, 영국왕실은 이들을 '위대한 여성 탐험가'라고 하여 훈장을 수여하였다.

국내에서는 「가장 귀하신 주님」(로뎀북스, 2008)이라는 제목으로 발간된 '발레리 그리피스'의 책에 저자들의 이야기가 '실크로드'라는 소제목으로 40여쪽 개괄적으로 소개되어 있는데, 그 안에 조지헌터와 퍼시 매더를 만났던 이야기도 실려있다.

본서의 저자들과 에반젤린 프렌치, 즉 트리오는 중국 내지 선교회 내에서도 선임선교사로서 존경받는 사역자들이었을 뿐 아니라 무슬림들에게까지 '의의 선생님'이라 불릴 정도로 인정을 받았던 선교사들이다. 외국인이라는 자체만으로도 충분히 주목받을 만한데 여성으로서 그것도 결혼하지 않은 채 헌신된 삶을 살았던 그녀들의 모습은 중국인들은 물론 중앙아시아의 미전도 종족들에 게까지 종족은 물론, 불교와 도교 이슬람교, 종교를 막론하고 실로 비단길보다 더 아름다운 그리스도의 복음의 통로가 되었음이 분명하다.

트리오와 그들이 입양한 딸 톱시는 허시조우랑 따라 실크로드를 오가며 전도하고 가르쳤다

세 여인은 본국에 돌아와서도 각자의 은사에 따라 또 다른 형태로 기여를 하게 되는데, 특히 글을 쓰는데 재능이 있었던 밀드레드와 프란체스카는 다양한 저술 활동을 통해 선교사역을 이어간다.(※ 저자들은 본서 이외에도 「Something Happened」, 「The Making of a Pioneer」, 「Ambassadors for Christ, 「The Story of Topsy」, 「A Desert Journal」, 「Grace」, 「Child of the Gobi」, 「Through Jade Gate and Central Asia」, 「The Gobi Desert」 등의 다수의 저술을 남기고 있는데, 그 중 「The Making of a Pioneer」

는 퍼시 매더의 이야기를 기록한 책이고, 출간 후 오래지않아 5번이나 재판을 거듭한 「Jade Gate and Central Asia」가 있다.) 1937년 본국에 돌아온 후, 1943년에는 고비사막에서의 일들을 책으로 내었는데, 고비사막의 인종, 군, 문화, 자원, 지리 역사, 식물학, 그리고 야생생물에 관한 것들까지 상세히 기록하고 있어 현재도 관련분야의 소중한 자료로 인정받고 있다. 이러한 트리오의 공적으로 리빙스턴 메달과 아라비아 로렌스 기념 메달을 상으로 받았으며 밀드레드는 왕실 지리협회의 초청을 받아 강의를 하기도 했다.

그러나 이와 같이 세상의 이목이 주목했던 역사적, 전문적 성과는 본래 목적과는 별개로 부수적인 것에 지나지 않았다. 그저 그리스도의 복음을 사랑하여 중국 내지의 오지로 깊이 찾아 들어가기를 두려워하지 않았던 용기와 열정에 뒤따른 자연스런 열매였을 뿐이다. *

1865년 허드슨 테일러가 창설한 중국 내지 선교회(CIM:China Inland Mission)는 1951년 중국 공산화로 인해 철수하면서 동아시아로 선교지를 확장하고 1964년 명칭을 OMF International로 바꿨다. OMF는 초교파 국제선교단체로 불교, 이슬람, 애니미즘, 샤머니즘 등이 가득한 동아시아에서 각 지역 교회, 복음적인 기독 단체와 연합하여 모든 문화와 종족을 대상으로 예수 그리스도가 구세주이심을 선포하고 있다. 세계 30개국에서 파송된 1,300여명의 OMF 선교사들이 동아시아 18개국의 신속한 복음화를 위해 사역 중이다.

OMF 사명
동아시아의 신속한 복음화를 통해 하나님을 영화롭게 하는 것이다.

OMF 목표
하나님의 은혜를 통하여 동아시아의 모든 종족 가운데 성경적 토착교회를 설립하고, 자기종족을 전도하며 타종족의 복음화를 위해 파송되는 것을 목표로 한다.

OMF 사역 중점
우리는 미전도 종족을 찾아간다.
우리는 소외된 사람들에게 관심을 갖는다.
우리는 복음을 전하는 일에 주력한다.
우리는 현지 지역교회와 더불어 일한다.
우리는 국제적인 팀을 이루어 사역한다.

OMF International-Korea
한국본부 (137-828) 서울시 서초구 방배본동 763-32 호언빌딩 2층
전화 02-455-0261,0271 팩스 02-455-0278 홈페이지 www.omf.or.kr 이메일 omfkr@omf.net